KB088687

성난 시민

성난 시민

발 행 일	2024년 01월 08일
펴 낸 곳	도서출판 답
기 획	손현욱
저 자	이기인 정인성
홍 보	이충우
캘리그라피	정묵
표지 디자인	오아오
출판등록	2010년 12월 8일 / 제 312-2010-000055호
전 화	02.324.8220
팩 스	02.6944.9077

이 도서는 도서출판 답이 저작권자와의 계약에 따라 발행한 것이므로,
도서의 내용을 이용하시려면 반드시 저자와 본사의 서면동의를 받아야 합니다.

이 도서의 국립중앙도서관 출판예정도서목록(CIP)은 서지정보 유통지원시스템 홈페이지(http://seoji.nl.go.kr)과
국가자료 종합목록 시스템(http://nl.go.kr/kolisnet)에서 이용하실 수 있습니다.

ISBN 979-11-87229-76-6 03340

값 20,000원

권력의 성벽이 쌓아 올린 높은 허상을 무너뜨리는 것은
진실이 담긴 문서 하나 그리고, 사진 한 장

이기인 · 정인성 공저

답

추천사

●

이기인 경기도의원은 아마 대한민국의 지방의원 중에서 가장 유명한 사람이 아닐지 생각한다. 그리고 그 유명세라고 하는 것은 스스로가 어려운 과정에서 얻어낸 것이라 더욱 값지다.

성남시의원으로 재직할 때부터 현재 유력 대선주자가 된 이재명 시장에게 할 말은 하는 모습이 지금의 자리에 있게 만든 가장 큰 원동력이다. 사실 지방자치의 영역이 국민과 언론의 큰 관심을 받지는 못하기 때문에 시장이 자신을 비판하는 시의원을 회유하거나 해코지하기는 그리 어려운 일이 아닐지도 모른다. 하지만 이기인 의원은 회유되지도 않았고, 해코지당하지도 않았다.

그가 하는 거침없는 행동들이 항상 옳은 방향에 닿아있다는 신념이 있었기 때문에 회유되지도 않았을 것이고, 말하는 것에 거짓과 사심이 없었기 때문에 해코지를 당하지 않을 당당함이 있었을 것이다.

그가 이제 새로운 당에서 새로운 도전을 하려고 하는 이 상황에서 그에게 믿고 의지하는 이유 또한 자연히 그 두 가지이다.

그가 앞으로 신념 있게 보여줄 뚝심과 대한민국을 위해 던질 거짓과 사심이 없는 제안들이 새로운 길에서도 크게 주목받고 빛날 것으로 생각하며 이 책을 추천한다.

　　　　　　　　　　　　　　　　　– 이준석 前 국민의힘 대표

●

이기인 의원은 국내에 몇 안 되는 기억에 남는 지방의원입니다. 지방의원의 교과서라고 해도 과언이 아닙니다.

우리 정치현실에서 지방의원이 두각을 나타내는 것은 불가능에 가깝습니다.

대부분의 지방의원은 민원처리와 조직관리, 행사참석을 넘어 본인의 아젠다를 제시하는 단계로 나아가지 못합니다. 독립된 정치인으로 역할 하지 못하고 당협위원장이나 지역위원장의 조직책에 머무는 경우도 많습니다. 스스로 정치적 성과를 내는, '기억할 가치 있는' 지방의원이 등장하기 어려운 현실입니다.

이기인은 예외적인 인물입니다. 성남시의원, 경기도의원의 자리에서 자신의 아젠다와 역할을 명확하게 제시하고, 스스로 정치적 성과를 만들어 냈습니다.

이기인은 모두가 머뭇거릴 때 이재명 도지사의 성남FC 의혹을 세상에 처음 꺼냈습니다. 두산으로부터 받은 후원금이 대가성이 있다는 결정적 공문을 찾아낸 것도 이기인입니다.

故김문기 씨와 이재명 당시 성남시장이 호주에서 함께 찍힌 사진을 공개하고 1,000여 건이나 되는 대장동 자료를 언론과 검찰에 제출한 것도 이기인입니다. 12년 만에 성남시의 정권 교체를 만들었습니다. 이재명 대표는 동의하지 않겠지만, 이기인 의원이 성남의 정치인인 것이 정말 다행입니다.

이기인 의원이 이재명 저격수만 잘하는 것도 아닙니다.

이상동기 범죄 피해자를 위한 예산을 앞장서서 확보하는 등 의원으로서의 기본적인 역량과 성과가 탁월합니다.

그리고 무엇보다 이기인 의원은 '깡'이 있는 정치인입니다. 이재명 대표 지지자들의 부당한 린치에 굴하지 않은 것은 물론이고, 어떤 자리에서도 비겁하게 정치하지 않았습니다.

눈치 보고 줄 서는 우리 정치의 못된 관습을 거부했습니다. 옳은 길이라면 힘들다고 해서 피하지 않았습니다. 그렇기에 이기인 의원의 행보가 기억에 남고 그의 존재감이 뚜렷한 것입니다.

이 책을 읽으면서 이기인 의원이 없었으면 큰일 날뻔했다고 안도의 한숨을 쉬는 분들, 많을 겁니다. 이기인 의원은 앞으로도 '이기인이 있어서 천만다행이다'라는 반응을 끌어낼 겁니다. 이기인 의원이 펼쳐갈 정치를 응원하며 함께하겠습니다.

– 천하람 국민의힘 (순천시 · 광양시 · 곡성군 · 구례군 갑) 당협위원장

●

우상偶像에 맞서는 모든 이들에게 바치는 이기인의 헌사獻詞

우상을 파괴하는 일은 호기만으로 가능하지 않다. '깡'으로 시작했어도 '악'만 남는 경우도 많다. 괴물 잡으려다 괴물이 되는 경우도 부지기수다.

담대한 용기로 시작했지만 수 없는 번민의 밤이 있었을 것이다. 때로 영화는 그럴듯한 한 장면으로, 책은 몇 페이지로 그 번민의 밤을 압축하지만, 그가 직면했던 것은 실존하는 권력이었고 눈앞을 아른거리는 위협과 협박이었다.

이 책은 그 치열했던 여정을 담은 한 편의 다큐멘터리다. 분명한 것은, 2024년 1월의 '정치인 이기인'을 키운 건 팔 할이 이재명이었다. 어쩌면 그에게는 행운이다. 모든 영웅의 성장 서사에는 강력한 빌런이 필요하니까.

정치를 '허업虛業'이라고 한다. 그러나 그 말을 온몸으로 거부하는 이들도 있다. 적당히 넘어가지 않고, 끝까지 달려들어, 무언가를 바꿔내고, 마침내 남김없이 기록까지 한다.

이기인이 그랬다. 그러면서도 괴물이 되지 않았다. 공적 책임감에 대한 진심은 그렇게 증명된다. 진흙탕 싸움을 두려워하지 않으면서도 그는 여전히 희망을 말하고 미래를 이야기하는 '건강한' 정치인이다.

그래서 이 책은 우상에 맞서는 모든 이들에게 바치는 이기인의 헌사이기도 하다. 39살의 젊은 정치인은 '용기'라는 두 글자가 얼마나 힘이 센지, 그러면서도 자신의 고결한 원형을 얼마든지 지켜낼 수 있음을 생생히 입증하고 있다. 모쪼록 북한 인민들에게도 보내줘야 할 필독서로 사료된다.

1막은 끝났다. 그는 또 다른 우상과 맞서겠다고 한다. 상대는 민주당도 대통령도 아니다. 바로 우리 정치의 오래된 관성이다. 두 가지 선택지만을 강요하는 뿌리 깊은 관습과의 싸움이다.

더 큰 장벽 앞에 선 그에게 이제 응원만으로는 부족하다. 이번에는 그를 외롭게 하지 않을 것이다.

– 허은아 국민의힘 국회의원

작가의 말

"여보, 나한테 남편 관리 똑바로 하라는 문자가 왔는데 이게 무슨 일이야?"

시의회 상임위 중 아내에게 걸려 온 전화였다. 나에게 욕설 문자를 보내는 것으로 모자라 아내 번호까지 알아내 문자 테러를 퍼부은 것이다. 돌이켜 고백하자면, 그때 호기롭던 마음이 처음으로 휘청였다. '잡범'이라느니, '지사님께 개기다 끌려간다'라느니 하는 온갖 모욕과 협박은 내가 마땅히 감당해야할 몫이었다. 그러나 아내가 '가족'이라는 이유로 그 폭격의 대상이 되어야 한다면 이야기는 달라진다. 마음을 다잡는 데에 꽤 오랜 시간이 필요했다.

이재명의 성남시에서 이런 조리돌림과 협박은 일상이었다. 언론을 통해 대장동 개발 사업자의 선정이 내부자들 위주로 행해졌다는 증거를 단독으로 알리고, 이재명이 모르쇠로 일관했던 故김문기(前성남도시개발공사 개발사업 1처장) 씨와 함께 찍은 사진을 세상에 처음 공개하자, 그야말로 또 '문자 폭격'이 쏟아졌다. 극성 지지자들의 자발적인 행동처럼 보일 수 있으나, 사실은 나를 두고 과거 '국민을 개돼지로 여기는 가짜 보수'라며 좌표를 찍었던 이재명의 sns가 그 시발점이었을 것이다. 그것은 일종의 '공격하라'라는 돌격 명령이었다. 측근들의 고소 고발은 뒤따라오는 옵션이었다.

반박할 수 있는 수단은 그리 많지 않았다. 보도자료를 배포하고 기자회견을 하는 것은 나오지 않는 마이크에 고함을 치는 것과도 같았다. 이재명에게는 4조 원의 도시를 좌우할 수 있는 권한이 있었고, 3천 명이 넘는 공무원들을 제어할 수 있는 인사권이 있었다. 100억이 넘는 홍보 예산은 보도를 통제할 수 있는 언론의 저당抵當이었고, 그런 성남에서 이재명의 말은 곧 법法이었다. 애써 띄운 포털 사이트의 반박 기사 한 줄은 빛의 속도로 사라지곤 했다. '보도해 주지 못해 미안하다'라는 기자의 씁쓸한 사과만 몇 번을 들어야 했는지 모른다. 내가 지낸 지방의원 임기 10년은 그런 순간들의 연속이었다.

그럴수록 난 더욱 진실을 갈구했다. 두 손과 두 발은 문자 폭탄과 조리돌림에 허우적대고 갈피를 잡지 못해 진흙탕 속에서 헤매도 나의 눈은 항상 진실을 규명하는 증거가 있는 곳을 향했다. 권력의 성벽이 쌓아 올린 높은 허상을 무너뜨리는 것은 미디어에서의 논쟁과 지난한 정치 싸움이 아닌 진실이 담긴 문서 하나, 사진 한 장이라는 것을 잘 알고 있었기 때문이다. 이 책은 그렇게 처절한 마음으로 모아온 진실들의 집합이다.

책 속에는 아직 대중에 공개되지 않은 여러 진실이 담겨있다. 故김문기 씨와 동행한 해외 연수 사진 미공개분, 대장동 팀으로 출장자가 변경된 성남도시개발공사의 공문, 성남의 비리非理를 가능하게 했던 이재명 주변 인물들의 서사, 대한민국 정치판의 골칫덩이이자 패악스러운 팬덤인 '개딸'의 전신 '손가혁'의 유래, 아직 알려지지 못한 백현동과 성남FC의 숨은 이야기 등. 전체의 서사를 설명하고 여러 증거를 덧붙여 진실을 증명한다. 섣부른 분노보다 담백한 사실이 갖는 힘이 훨씬 강하다고 믿었기에 글을 쓰면서 주관적 감정보다는 객관적 사실을 담고자 노력했다.

끝으로 이 책을 왜 쓰게 됐냐고 누군가 묻는다면 나는 '책임감'때문이라고 답하고 싶다. 성남시장 시절부터 제1야당의 대표에 오르기까지, 성남의 정치를 구성하는 한 구성원으로서 이재명의 주변에서 벌어진 수많은 희생을 막지 못한 도의적 책임, 더 이상의 야만과 탐욕을 막아 세우고 희망을 움 틔워야 한다는 정치적 책임이야말로 내가 펜을 든 이유이기도 하다. 이는 단지 상대를 폄훼하며 반사의 이익을 얻어 보겠다는 가벼운 의도가 아니다. 흡사 '이제 정치를 내려놓으시라'상소와 같은 유서를 썼던 故전형수 비서실장이 가진 절박한 책임과도 비견될 것이다.

부디 이 책이 이재명을 둘러싼 여러 의문에 대해 옳고 그름을 구분하는 진실의 참고서가 되기를 바란다. 성남을 넘어 대한민국을 휘감아 삼킨 뱀의 혀를 잘라내는 '성난 시민'의 한 자루 칼이 되기를 희망한다.

2023년 12월 25일
이기인

대마불사(大馬不死).

바둑에서 여러 개의 돌로 이루어진 큰 덩어리를 의미하는 대마大馬는 덩어리가 큰 만큼 여러 방면으로 활로를 모색할 수 있다. 대마를 잡으려는 입장에서는 대마의 한쪽을 공략하면 다른 한쪽이 열리기도 하고, 예전에 자신이 두었던 수가 생각지도 못한 약점으로 돌아올 수 있으므로 엄청난 섬세함과 인내, 그리고 무엇보다도 판 전체를 읽을 줄 아는 눈이 필요하다.

이재명이라는 인물을 둘러싼 우리의 정치상황이 그렇다. 이재명이라는 인물을 중심으로 판이 짜여있고, 이재명이라는 대마에 대한민국 제1야당이 인질로 잡혀있으며, 그 대마를 지키기 위해 점점 더 많은 돌이 희생되고 있다. 이재명을 반대하는 쪽에서도 끊임없이 공격해대지만, 오히려 본인들의 무능無能과

무지無知만을 보여주며 허점만을 더 드러내고 있다. 본인들도 판 전체를 읽을 줄 아는 눈이 없기 때문이다.

'이재명이 무엇을 잘못했는데?'라는 질문에 선뜻 대답을 할 수 있는 사람이 없는 것도 이 때문이다. 하나를 특정해서 이야기하자니 전부 다 설명하기엔 너무 내용도 많고 복잡해서 허점을 보이기 십상이다. 그래서 많은 사람이 이재명에 관해 이야기할 때 많은 어려움을 느낀다. 그건 이재명과 10년의 세월을 싸워온 이기인 의원도 마찬가지였다.

필자가 올 봄春에 이기인 의원을 처음 만나서 이 책을 써보자고 제안했을 때는 단순히 '의원님이 페이스북에 올리는 내용이 너무 휘발揮發되고 파편화破片化되어 있으니 한 번 정리해 보자'라는 단순한 마음에서 시작했다. 그런데 각자가 취재하고 알고 있는 내용을 함께 정리하다 보니 어느 순간, 퍼즐이 맞춰지기 시작했고 하나의 이야기 즉, 대마가 보이기 시작했다.

이 책은 과거의 다른 책들처럼 가정사家庭事와 같은 지엽적인 문제를 통해 '이재명, 나쁜 놈'이라는 이미지를 심어주려고 기획된 것이 아니다. 전체 서사를 설명하고, 독자들이 현재 대한민국의 정치판이 어떤 과정을 거쳐 형성된 것인지 알게 해주기 위함이다. 이 책을 읽고 나서도 이재명이라는 인물, 그리고 그와 함께하는 머신(machine)[1]이 만든 혹은 앞으로 만들어갈 대한민국에 살고 싶은지에 관해서는 독자들이 알아서 판단할 일이다.

사실, 이 책을 팩션(faction)으로도 해볼까, 시리즈물로 해볼까 고민이 많았었다. 올해 봄까지만 해도 나는 이기인 의원에게 '의원님 어차피 선거도 못 나갈 텐데 저랑 책이나 쓰자'라고 했고, 이기인 의원도 '그럽시다, 뭐 할 것도 없는데'라고 하고 시작된 작업이었기에 서로의 시간이 많을 거로 생각했다. 어차피 이재명은 대선 때까지 이런 식으로 버티면서 옥중출마獄中出馬도 불사할 사람이라고 생각했으니, 책의 작업도 우리가 하는 다른 일들에 밀려 뒷순위로 진행된 것도 사실이다.

그러다 정치지형에 엄청난 변동이 발생했다. 그 급류에 나도 이기인 의원도 휩쓸려 각각 다른 정당의 일원이 되었고, 2024년 총선에서 적극적인 역할을 해야 하는 입장이 되었다.

---

1 머신(machine). 거대조직 혹은 집단

그러면서 책의 출간도 더 이상 미룰 수 없는 일이 되어버렸다. 원래 이재명과 관련한 수많은 내용을 하나의 서사로 담으려고 했던 애초의 계획은 우선 대장동 사건만 따로 떼어서 진행되었다. 그것이 1부의 내용이다. 그리고 이기인의원이 그동안 조사해서 밝혀낸 다른 내용들은 2부에 몰아서 단편집 형식으로 담아냈다.

끝으로 이 책은 일종의 졸업논문과도 같은 의미로 만들어졌다. 앞으로는 희망과 미래를 이야기할 수 있어야 하는데, 그러려면 이재명이라는 인물이 현재가 아닌 과거의 인물이 되어야 한다. 대한민국 정치가 이재명이라는 대마에 더 이상 빨려 들어가지 않고, 더 이상 그 누구도 스스로 목숨을 끊는 일이 발생하지 않으며, 대한민국 정치의 수준이 한 인물로 인해 더는 추락하지 않도록 이제는 끝내야 한다. 이제는 건너가야 한다. 이 때문에, 이 책이 이재명이라는 인물에 대해 우리가 전달하는 마지막 이야기였으면 한다.

2023년 12월 20일
탐앤탐스 정자 카페거리점에서
정인성

프롤로그

2022년 3월 3일. 국민의힘 이재명 비리 국민검증특위 이기인 위원 마지막 회의 발언

2014년 만 29세의 나이에 청운靑雲의 푸른 꿈을 안고 처음 시의원이 되었을 때, 제가 맞닥뜨린 정치政治는 '이재명의 정치'였습니다. 성남에서 직접 겪었던 이재명의 정치는 그야말로 '의외意外'였습니다.

언론에 비친 공정公正, 개혁改革, 혁신革新, 소신所信, 사이다 발언과 같은 강렬하고 아름다운 그의 개혁의 말들 이면에는 측근 비리, 부정 채용, 조리 돌림, 마녀사냥과 같은 못된 정치가 넘쳐났습니다.

재벌의 해체를 주장하는 사람이 73억 원으로 6,200억 원의 사옥을 지어 팔 수 있도록 대기업에 초특급 특혜를 주는가 하면, 앞에서는 소상공인을 위한다며 돈 몇만 원에 생색을 내는 사람이 뒤에선 측근들이 있는 기업에 수백만 원에서 수백억 원의 계약을 밀어주는 더러운 부정행위들이 만연 했습니다.

그런 이재명에게 있어서 합리合理와 유연柔軟, 대화對話와 타협妥協이라는 사회적 신뢰에 기반한 도구들은 찾아볼 수 없었습니다. 야당은 그저 친일세력親日勢力의 후손들이요, 몰아내야 할 적폐積弊였고 4년 내내 이재명의 못된 정치로 선동된 지지자들과 댓글 싸움만 해야 했습니다.

정치하면서 선善과 악惡의 구분으로 접근하면 안 된다는 것을 잘 알고 있었지만 제가 경험한 이재명 시장은 악인惡人, 그 자체였습니다. 그래서 전 그때부터 그에 대한 검증檢證을 게을리하지 않았습니다. 어쩌면 그를 네거티브negative하고 반대를 위한 반대도 가끔은 일삼았을지도 모르겠습니다. 하지만 저는 그만큼 절박했습니다. 제가 겪은 이재명의 정치를 그 누군가가 또 경험하지 않았으면 또 피해를 보지 않았으면 하는 바람 때문이었습니다.

존경하는 국민 여러분.

올바르게 살아온 사람에게 명예名譽를 주고, 부지런하게 일하는 사람에게 부富를 갖게 하는 것이 정의正義이듯 두 얼굴의 삶으로 온갖 부정不正과 비리非理, 그리고 거짓말로 일관해 온 정치꾼을 매서운 회초리로 심판하는 것은 당연한 일입니다.

부디 법은 최소한의 양심이자 도덕임을 순응하고 또 그것을 정직하게 지키며 살아가는 대다수 국민이 우리 대한민국의 주인공이 될 수 있도록 이제는 이재명이라는 악순환惡循環을 함께 끊어주십시오.

자신의 치부恥部를 상대방에게 덮어씌우고, 국민 여러분들이 피와 땀을 흘리며 낸 세금으로 자신의 배를 불리는 몰염치한 정치인이 우리 국민의 삶을 좌지우지하지 않도록 우리 국민의 힘을 지켜봐 주십시오.

나쁜 정치는 허락하지 않는다는 대한민국 역사의 진리를 국민들께서 이번 선거를 통해 다시 한번 입증해 주셨으면 좋겠습니다.

저희 **이재명 비리 국민검증특위 위원회**는 대한민국 국민을 믿습니다.

2부 악인전

Dead End

대장동에서
생긴 일

어떤 죽음

2021. 12. 10.
2021. 12. 21.
2022. 07. 27.
2023. 03. 09.

유한기, 김문기, 김현욱, 전형수 씨의 비극적인 선택이 있었던 날이다.

유한기(前 포천도시공사 사장)는 경기도 고양시의 아파트에서 투신했고,

김문기(前 성남도시개발공사 개발 1처장)는 경기도 성남도시개발

공사 사무실에서 문고리에 목을 맸으며,

김현욱(前 경기경제과학진흥원의 비상임이사)은 경기도 수원시 영통구의 아파트에서,

전형수(前 경기주택도시공사 경영기획본부장)는 경기도 성남시 수정구 자택에서 숨진 채 발견되었다.

네 사람 모두 한 사람과 연관된 일련의 사건들로 수사대상에 오른 사람들이었다.

이 네 사람 중, 개인적으로 가장 큰 의문을 남긴 사람은 유일하게 그 존재를 적극적으로 부정당해야 했던 김문기 씨이다.

김문기 씨가 사망하기 19일 전.

==

성남시의회 제268회 도시건설위원회 제8차(2021.12.02.) 회의록

이기인 : 처장님, 이제 와서 여쭤보는 건데 아직도 대장동 사업

　　　　이 이 잘된 사업이라 생각하세요?

김문기 : 저는,

이기인 : 저희한테, 기억나시죠?

김문기 : 개인적인 사견 물어보시는 겁니까? 아니면,

이기인 : 과거에 저희 의회에서 어떻게 하셨는지 기억나시죠?

김문기 : 예

이기인 : 뭐 '확정이익이다', '업무상 기밀이다' 제출 무조건 거부하셨고, 그리고 심지어 저희한테, 저한테 특히, 의회에 고압적으로 굉장히 답변하셨었어요. "위원님이 뭘 아시는데 그렇게 대답하시는 거예요?" 이렇게까지 속기록에 남아있죠.

자, 함께 일하셨던 본부장이 사후 뇌물 수뢰와 몇억의 수뢰, 뇌물을 받고 함께 일했었던 팀장이 배임과 뇌물로 불구속기소 되며 수천억의 이익을 민간 사업자한테 갖다줬는데 아직도 대장동 개발이 잘된 사업이라 생각하십니까? 답변해 보시죠.

김문기 : …….

이기인 : 아, 이거 개인적으로 말씀하셔도, 뭐, 똑같으면 똑같다, 이렇게 말씀하셔도 됩니다. 짧게 말씀해 주십시오.

김문기 : 예. 어쨌든 저는 우리 몇몇 안 되는 직원들을 데리고 저희가 설립한 지 미처 2년도 안 된 상황에서 매뉴얼이라든지, 시스템이라든지 그 모든 것들이 갖춰지지 않는 상황에 저를 비롯한 팀원 세 명이 어쨌든 저희는 야전사령부라는 생각들을 많이 하고 회사에서 정해준 대로 그 기준에 의해서 철저하게 열심히 한다고 했는데도 불구하고 뭐 사업은 마무리 단계에 있고 입주는 다 했고 그렇다고 할지라도 사회적으로 그렇게 큰 물의가 된 거는 저도 잘못됐다고 생각합니다.

하지만 저희 직원들과 저희는 정말 열심히 하고 또 자부심을 가지고 이렇게 평생의 큰 사업을 해볼 기회가 많지가 않은데 좋은 기회라고 생각하고 열심히 했는데 이런 일들이 벌어져서 죄송하기도 하고 참담하기도 하고 그렇습니다.

이기인 : 알겠습니다. 뭐 그런 사과를 안 하실 줄 알았는데... (중
　　　략)

===

질의하는 이기인, 답변하는 김문기

　나는 김문기 씨가 극단적인 선택을 하기 전, 김문기 성남도
시개발공사 개발1처장을 직접 감사했던 성남시의회 도시건설
위원회 감사위원이었다. 대장동 개발사업[2]은 김문기가 처장으
로 있는 성남도시개발공사 1처, 당시 1팀에서 맡았다. 김문기
와 성남도시개발공사는 유독 대장동 개발사업에 대해서는 폐
쇄적이었다. 답변을 거부하기 일쑤였고, 그 어떤 자료도 의회

2　정식명칭은 대장동 · 제1공단 결합도시개발사업이다.

에 넘겨주는 일이 없었다. 심지어는 고압적인 태도를 보이며 '참견마라'는 식의 태도를 보이기도 했다. 시민들의 피 같은 돈으로 운영되는 공공기관을 견제하고, 정책이나 예산을 심의·승인하는 것이 의회 본연의 기능이다. 의회의 존재가 대장동 개발사업 앞에서는 늘 부정당해온 것이다.

감시자의 눈을 가리고 사업을 추진하던 그들의 태도는 더불어민주당 대통령 선거 경선과정에서 이른바 '대장동 사태'가 터지면서 변하기 시작했다. 그제야 여러 관련 자료들을 하나둘 공개하기 시작했고, 거대한 부정부패의 온상이 조금씩 드러나기 시작했다. 고름이 터져버린 것이다. 의회가 제 기능을 할 수 있도록 자료만 제대로 넘겼어도 이렇게까지 썩어 문드러지지 않을 수 있었다. 사태를 돌이키기에는 너무나도 늦어버렸고, 내가 할 수 있는 거라곤 진상을 밝히고 책임을 묻는 것밖에는 없었다. 그리고 내 앞에는 이 사업의 담당자, 김문기가 있었다.

내가 이날 김문기 씨에게 더 모질게 굴었던 이유는 그가 **대장동 개발사업의 민간 사업자 컨소시엄을 선정하는 과정에서 심사위원 평가 배점표를 외부인에게 열람시킨 사실이 밝혀졌기 때문이다. 해당 외부인은 현재 대장동 사건의 피의자**

신분인 전직 성남도시개발공사 정민용 전략사업팀장이었다. 사업자를 선정하는 채점표를 유출한다는 것은 사업자 선정에 영향을 미칠 수밖에 없는 행위다. 그런 행위를, 그것도 주말을 이용해서 흔적을 남기지 않도록 열람하는 행위를 통해 저질렀다면 무언가 부정한 것을 숨기고 있기 때문일 것이다. 더 큰 문제는 공사의 늑장 대응이었다. 사태를 인지한 것은 대장동 사태가 불거진 직후인 2021년 9월 즈음. 위 행정사무감사가 12월 2일에 열릴 때까지 2~3개월을 아무런 조치도 없이 그냥 보냈다. 의회가 나서지 않았으면 김문기의 채점표 유출은 그대로 묻히고 말았을 것이다. 나는 이날 강하게 문제를 제기했고, 권혁주 당시 성남도시개발 감사실장에게 징계의결과 함께 신속한 고발조치를 요청했다.

구차한 변명 같지만, 상임위에서는 저렇게 엄하게 꾸짖어도 상임위가 끝나면 예禮를 다하려 노력했다. 아무래도 내가 상대적으로 어리기 때문에 나이가 많은 시청 공무원 혹은 공직자들에게 사적인 자리에서만큼은 깍듯하게 하는 것이 맞는다는 것이 내 의정활동의 원칙이었다. 위 상임위가 끝나고 나는 김문기 씨에게 다가가 '처장님, 제가 연락 한 번 드릴게요. 소주 한잔해요.'라며 인사를 드렸고, 김문기 씨도 꼭 그러자고 대답했던 기억이 짙게 남아있다.

그러나, 그 약속은 지켜지지 못했다.

19일 후, 성남도시개발공사는 내가 요청한 대로 김문기 씨에게 징계 의결서를 보냈고, 김문기 씨는 그날, 마치 시위라도 하듯, 보란 듯이 자신의 사무실 문고리에 목을 맸다.

아는 사람의 죽음은 사람을 변하게 한다.

그때로 다시 돌아간다면 나는 다르게 행동했을까? 꼭 징계를 요구했어야 했을까? 어차피 시키는 대로 했을 뿐인 사람에게 너무 모질게 한 것일까? 굳이 내가 나섰어야 했을까? 우리당의 다른 위원들에게 자료를 넘기고 나는 다른 질의를 해도되지 않았을까? 온갖 생각이 아직도 내 머릿속을 어지럽히며나를 괴롭힌다. 사실, 아직도 모르겠다. 지금으로서는 다시 돌아간다고 하더라도 똑같은 선택을 했을 것이다. 하지만, 김문기 씨가 받았던 여러 압박과 쓸쓸함에 나의 책임이 없다고는할 수는 없다.

거짓말의 거짓말

김문기 씨는 세상에 없었지만, 세상은 온통 김문기 씨의 이야기로 소란스러웠다.

한쪽에서는 검찰의 무리한 수사로 인해서 또 한 사람이 희생되었다고 열을 올렸고, 다른 한쪽에서는 대장동 게이트를 둘러싼 의문의 죽음에 대한 음모론을 펼쳤다.

그 가운데 모두가 한 사람의 입만 바라보고 있었다. 그리고 그 입은 모두가 생각지도 못한 발언을 내뱉었다.

==

2021년 12월 22일, SBS <주영진의 뉴스브리핑>

주영진 : 김문기 성남개발공사 처장이 어젯밤에 극단적인 선택
을 했다는 소식이 들려왔어요. 민주당에서는 어제 바
로 논평이 나오지 않고, 오늘 오전에 논평이 나왔습니
다. '이런 안타까운 죽음이 더 이상 있지 않도록 검찰
은 철저히 수사해야 한다.' 이재명 후보의 생각은 어떻
습니 까?

이재명 : 저도 사실은 저희 내부망, 네트워크망에 누가 극단적
선택했다는 기사가 올라오길래 '전에… 과거 기사를
잘못 보냈나?' 글자가 거의 비슷하지 않습니까? 그랬
는데. 좀 이따 보니까딴 사람이었던 거예요. 일단은 제
입장에서는 어쨌든 제가 한때, 그 부하직원 중에 한 명
이고, 어쨌든 이 수사 과정에서 그게 연원이 돼서 극
단적 선택하신 것 같은데, 정말 안타깝지요. 안타깝고,
정말 이제라도 편히 쉬시길 바라고. 또 가족들은 얼마
나 황망하겠습니까? 위로의 말씀을 드리는 것 외에는
제가 특별히 더 드릴 말씀도 없고. 상황도 정확히 모

르고. 참, 안타깝다. 이렇게 말씀드릴 수밖에 없네요.

주영진 : 김문기 처장은 시장 재직시절에 좀 아셨습니까? 어떻습니까?

이재명 : 제가 시장 재직 때는 몰랐고요, 하위 직원이었으니까요, 팀장이었을 겁니다. 팀장이었을 텐데. 제가 이분을 알게 된 거는 제가 도지사 된 다음에 기소가 되지 않았습니까? '개발이익을 5,500억을 확보했다는 말이 거짓말이다.'라고 해서 기소가 된 일이 있어서 그 재판 과정에서 제가 그 세부 내용을 전혀 모르니까. 지침만 줬지만. 그걸 파악하는 데 주로 알려줬던 사람이 당시 이분이었어요. 재판받을 때, 도지사가 되어서 재판받을 때 이 사람의 존재를 알게 되었고, 전화도 꽤 많이 했고. 제가 계속 물어봐야 하니까요. 업무파악을 가장 잘하고 있는 사람이었던 것 같습니다.

주영진 : 대장동 개발사업의 핵심을 잘 알고 있는...

이재명 : 네. 핵심 내용을 가장 잘 아는 사람이어서 그때 당시

<u>제가 통화를 했는데</u>, 저는 왜 이런 일이 벌어지는지 정말로 납득이 안 됩니다.

===

'성남시장 재직시절에 김문기 처장을 몰랐다'

이 발언이 있고 난 뒤 후, 이재명이 김문기 씨를 '모르는 사람'이상으로 취급했다.

앞서 이재명은 대장동 개발사업을 "단군 이래 최대 치적(治績)이었고 지금도 마찬가지"라고 기자회견을 통해 밝힌 바 있다. 그리고 그 사업의 핵심을 가장 잘 아는 사람이 바로 김문기 처장이며, 자신이 재판받을 때 도움을 준 사람이라고 본인 입으로 이야기했다. 그런 그가 장례 기간 동안 그 어떤 조의도 표하지 않았다. 유족의 말을 빌리자면 "하물며 집에서 키우던 개도 죽었다고 하면 애석한 마음이 생기는 게 사람의 도의(道義)"인데도 말이다. 김문기 처장의 아들은 기자회견을 통해 "아버지의 마지막 발인 날, 이(재명) 후보는 산타클로스 복장을 하고 나와 춤추는 모습도 보였다"라며 "이 모습을 TV로 보신 80대 친할머니가 오열하고 가슴을 치며 분통해 하셨다. 그걸 보면서 우리 가족은 죽을 고통을 느꼈다"라며 눈물을 보이기도 했다.

이재명 산타

이후에 안철수 당시 국민의당 대선후보 유세차량에서 숨진 당원의 장례식에는 조문을 갔던 것과는 대조되는 태도다. 그런 그의 태도도 많은 의구심을 들게 하지만, 이건 단순히 도의적인 문제가 아니었다.

이재명은 자신이 입고 있던 산타복처럼 새빨간 거짓말을 하고 있었다. 공직선거에 임하는 후보자가 허위사실을 공표한 것이다.

이렇게 확신할 수 있는 이유는 불과 3개월 전인, 2021년 9월 27일 이재명과 김문기 처장이 함께 찍은 사진을 내가 직접 공개한 바 있기 때문이다. 김문기 처장이 사망하기 3개월 전, 나는 한 장의 사진을 입수해 공개했다.

분당구청 대회의실 '성남정책연구원 정책세미나'

사진은 이재명이 성남시장이 되기 전인 2009년 8월 26일 분당구 야탑3동 주민센터에서 성남정책연구원 주최로 열린 제1회 '공공주택 리모델링' 활성화 정책 세미나 현장을 찍은 것이다. 패널에 나온 사람들을 보면 **왼쪽 두 번째부터 김병욱, 유동규, 이재명, 김용, 김문기가 차례로 앉아있고 오른쪽 끝에**

이한주가 마이크를 잡고 있다.

이 사진을 처음 봤을 때 정말 기가 찼다. 야탑3동 주민센터에서 리모델링을 논하던 재야의 패널들의 최근 타이틀을 보면 무슨 말인지 이해가 될 것이다.

	2009년 당시	최근
김병욱	국민대 겸임교수	더불어민주당 국회의원
유동규	1기 신도시 리모델링 추진 연합회 회장	전 성남도시개발공사 기획본부장
이재명	성남정책연구원 공동대표	더불어민주당 대표
김용	야탑동 매화 공무원2단지 리모델링 추진위원장	전 민주연구원 부원장
김문기	사단법인 한국리모델링협회 제도개선위원회 수석간사	전 성남도시개발공사 개발1처장
이한주	성남정책연구원 상임대표	전 경기연구원장

저 좁은 공간에 몇 명 되지도 않는 사람들 모아놓고 리모델링 세미나를 열었던 사람들이 13~4년이 지나고, 성남을 넘어서 대한민국을 쥐락펴락 할 수 있는 권력이 되어있었다. 그만큼 오랜 기간 손발을 맞춰온 팀이라는 의미다.

이 사진 외에도 이재명과 김문기가 오랜 기간 알고 지냈다는 증거들은 차고 넘쳤다. 나는 추가로 이재명과 김문기가 함께 다녀온 해외 출장 사진들과 함께 즉각 대응했다.

문서번호	기업지원과-	기 안	팀 장	과 장	국 장	부시장	시 장
보존기간	5 년						
보고일자	2014. 11. .	협 조	정책비서관		교통도로국장		
			비서실장		교통기획과장		
					주무관		

호주-뉴질랜드
교통체계 · 관광 벤치마킹 방문 계획 일정 변경 건

재 정 경 제 국
【기 업 지 원 과】

호주 트램 연수 이재명 결재 문서

Ⅳ 방문단 구성

□ 성남시 대표단(안)

연번	소 속	직	성 명	비 고
	계		11명	
1	성 남 시	시 장	이 재 명	
2	교통도로국	국 장	곽 현 성	
3	교통기획과	팀 장	황 재 훈	
4	공 보 관	주 무 관	고 강 선	
5	공 보 관	주 무 관	정 승 교	
6	행정지원과	주 무 관	김 진 욱	
7	정책기획과	주 무 관	김 락 중	
8	기업지원과	주 무 관	이 사 임	행정업무
9	교통기획과	주 무 관	유 현 선	
10	성남도시공사	본 부 장	유 동 규	
11	성남도시공사	차 장	김 문 기	

결재 문서 상 표기되어 있는 유동규 및 김문기

2021년 12월 23일, 국회 본청 이재명비리 국민검증특위 공개회의 발언

안녕하십니까. 이재명 비리 국민 검증특위 위원 이기인 입니다. 김문기 처장의 극단적인 선택은 검찰의 무능한 신병 관리와 부실한 수사가 낳은 비극적 참사입니다. 현장에서 민간 사업자들과 배당 이익에 대해서 설계하고 의결했던 공사 몫의 유일한 사외이사 김문기는 이재명의 측근 중 최측근, 그리고 유동규 본부장의 사업 파트너로 알려진 인물입니다.

이재명 후보가 변호사 시절 리모델링 토건 사업 활성화 운동을 할 때, 김문기 처장은 한국리모델링협회 제도개선위원회 수석 간사를 지냈고, 같은 시기 유동규 본부장이 분당 리모델링 조합장을 맡았을 때는 유 조합장이 선정한 리모델링 컨소시엄인 동부건설의 리모델링팀 팀장을 지냈던 인물입니다.

이 시장은 어제 성남시장 재직 때는 김문기를 몰랐다며, 김 처장이라는 사람의 존재 자체도 몰랐다는 취지로 발언을 했습니다. 새빨간 거짓말입니다. 어제 김은혜 의원이 공개한 사진에서도 알 수 있듯이, 김 처장은 성남시의 트램 전차 벤치마킹을 위해 뉴질랜드로 떠난 시장의 해외 출장에 동행했습니다.

밀착 수행 사진 이외에도 해외 출장 중 오클랜드 빅토리아 산과 로얄 보타닉 가든에 들러 함께 사진을 찍기도 했는데, 그 일부를 공개합니다. 그리고 본인이 결재한 호주 뉴질랜드 벤치마킹 문서에도 정확히 방문 인원의 유동규 본부장과 김문기 처장이 기재돼 있는 것을 확인할 수 있습니다.

2014년 11월 호주, 뉴질랜드 교통체계, 관광 벤치마킹, 방문 계획, 일정 변경 건에 이같이 이재명 시장의 결재라인이 들어가 있고, 그 뒷면에는 방문단 구성 대표단의 아래 김문기 처장과 유동규 본부장이 정확하게 기재돼 있는 것을 확인할 수 있습니다. 그리고 사진 말고도 이 후보의 거짓말을 입증하는 증거는 또 있습니다.

당초 도시개발공사에서 트램 사업을 담당했던 부서는 개발 2팀, 지금은 고인이 되신 유한규 본부장과 이현철 팀장이었습니다. 그러나 무슨 이유에서인지 트램과 아무런 연관도 없는 전략사업실의 유동규 본부장과 개발 1팀의 김문규 팀장이 해외 출장에 동행합니다.

다시 말해서 트램 선진지 견학에 트램 팀은 안 데려가고 대장동 팀을 데려간 겁니다. 그만큼 김문기와 유동균은 이재명과 성남시의 중요한 인물입니다. 또 고인께서 돌아가셔서 원본은 확인할 수 없었지만, 성남도시개발공사의 인사 기록을 확인해 보니, 2015년 12월 31일 시정 발전 유공 공로를 인정받아 이재명 시장은 김문기 처장의 성남시장 표창을 수여한 바 있습니다.

그런 사람을 인제 와서 모른 척하면 정녕 모르는 사람이 된단 말입니까? 아무리 수세에 몰렸다고 하더라도 한때 함께 일했던 망자亡者에 대한 예의는 지켜야 사람 된 도리입니다.

이러한 사실 이외에도 김 처장의 신병을 확보해서 제대로 수사해야 할 명분과 증거들은 차고 넘칩니다. 2015년 2월 11일, 김문기, 김민걸, 정민용, 주지형 등이 참석했던 대장동 제1공단 공모지침서 확정 관련 회의에서 김문기 처장은 임대주택 부지를 배당받아 직접 공사를 한다면 성남시의 방침에도 부합하고, 확정 금액을 배당으로 받아올 경우 공공사업을 위한 재원으로 활용이 가능하다고 말했습니다. 이재명 후보가 그토록 자화자찬했던 임대 아파트 부지의 확정 이익 설계의 제안자였던 겁니다.

또 검찰의 수사가 부실한 증거는 최근의 일로도 알 수 있습니다. 대장동 사태가 국민께 알려질 즈음인 지난 9월 25일, 김문기 차장은 주말을 이용해 정민영 변호사를 사무실로 불러 12시 30분부터 15시까지 3시간 동안 사업자 선정에 참여한 심사위원 10명의 채점표와 각 컨소시엄이 제출한 사업계획서를 열람시켜줍니다.

공사와 아무런 관련이 없는 퇴임 직원을 불러서 무단으로 대외 기밀을 유출한 겁니다. 이 과정에서 서로 말을 맞췄는지, 증거 인멸을 시도하려 했는지는 모를 일입니다. 하지만 검찰은 이 부분에 대해서 수사를 진행하지 않았고, 결국 공사 자체의 감사를 통해 중징계 의견으로 김 처장을 인사위원회에 회부했습니다.

만약 이러한 정황들을 꼼꼼히 살펴보고 관련자들의 신병을 철저하게 관리했다면, 단언컨대 최근의 참사는 일어나지 않았을 것입니다. 조속한 특검의 도입이 필요한 까닭이기도 합니다.

김 처장은 대장동 비리에 맞서 싸운 위인은 아니었습니다. 때로는 공사와 윗선의 이해관계에 따라 움직이는 심부름꾼이었고, 지시를 받아 작전을 수행하는 야전 사령관이었습니다. 그 과정에서 민간 사업자와의 유착 의혹도 있었으며, 공사 내 많은 직원에게 의심의 눈초리를 받기도 했습니다.

故 김문기 처장의 죽음은 비극적인 참사가 맞습니다. 그러나 진실 규명이 중단될 수는 없습니다. 김 처장이 어떤 방식으로 민간 사업자를 선정했는지, 뇌물 또는 입찰 방해 배임의 정황은 없는지 끝까지 특검을 통해서 밝혀져야 할 것입니다. 마지막으로 김문기 처장이 성남시의회에 출석하여 공개적으로 발언했던 김문기 처장의 마지막 육성을 공개합니다.

"저희는 야전 사령부라는 생각들을 많이 하고, 회사에서 정해준 대로, 그 기준에 의해서 철저하게 열심히 한다고 했는데도 불구하고, 사업은 마무리 단계에 있고 입증은 다 했고 그렇다고 할지라도 사회적으로 그렇게 큰 무리가 된 거는 저도 잘못됐다고 생각합니다."

누군가의 지시를 받았던 야전 사령관으로서, 그리고 회사에서 정해준 지침대로 일했다고 말하는 김문기 처장의 발언이었습니다. 지시한 그분은 누구인지, 그리고 회사의 지침은 대체 누가 승인해 줬는지 반드시 밝혀져야 할 것입니다.

이 자리를 빌려서 지난 의회에서 국민의 분노를 공감하고 잘못을 인정했던 김문기 처장과 최근에 유명을 달리한 유한기 본부장에 대해 명복을 빌며 조속한 특검의 도입으로 윗선의 수사가 이뤄지기를 촉구합니다.

네 이상입니다.

===

이쯤 되면 그가 자신이 실언한 것이며 유가족을 직접 찾아 위로하는 모습이라도 보일 줄 알았다. 그랬으면 이와 관련한 논란은 시간과 함께 사그라졌을 것이다. 물론, 대장동 사태라는 태풍을 잠재우지는 못했겠지만, 김문기의 죽음이라는 이슈는 어느 정도 잠재우고 넘어갈 수 있기 때문이다.

하지만, 이재명의 선택은 달랐다.

2021년 12월 24일, CBS <김현정의 뉴스쇼>

김현정 : 대장동 개발을 이끌었던 성남도시개발공사의 김문기 처장. 그제 숨진 채 발견이 됐는데 어제 부검을 했는데 스스로 목숨을 끊은 것 같아요. 그런 소견이 나왔습니다. 당시 성남시 수장으로서 마음이 많이 착잡하시죠?

이재명 : 안타깝죠. 이분은 말씀드렸습니다만 일부에서는 '시 산하 직원이고 뭐 해외 출장도 같이 갔는데 어떻게 모를 수 있냐?' 그러지만 제가 실제로 하위직원이라서 기억이 안 나고요.

김현정 : 잠깐만요. 그 얘기를 먼저 하셨으니까 그 부분 질문을 드릴게요. 그제 SBS 인터뷰에서 김문기 처장을 성남시장 시절에는 몰랐다고 하셨는데요.

이재명 : 인지를 못 했다. 그 뜻이죠.

김현정 : 호주 여행을 11일이나 같이 갔다 오셨는데 어떻게 모를 수 있냐, 라는 게 논란이 됐어요.

이재명 : 그렇습니다. 그런데 우리가 놀러간 게 아니고 공무상 출장을 트램 때문에 그 사업을 하는 게 도시공사라서 같이 간 거죠. 같이 간 하위 직원이기 때문에 뭐, 그 사람들은 당연히 저를 다 기억하겠죠. 저는 기억에 남아 있지 않은 사람이었는데...

==

==
2021년 12월 29일, 채널A 토크쇼 <이재명의 프러포즈>

- "내가 모른다, 안다,의 문제도 분명히 얘기했다. 이분하고 통화를 많이 했지만, 시장할 때 이 사람의 존재를 몰랐다고 얘기한 건데 그걸 왜 의심하나?"

- (해외출장에 김문기가 동행한 데 대해) "하위직 실무자인데 그 사람인지 이 사람인지 어떻게 알 수 있나?"

- (성남시장 재직 시절 수여한 표창장에 대해) **"표창을 수백 명을 주는데 그 사람을 왜 특정하게 기억을 못 하냐고 하면 그게 적절한 지적일까?"**

- (국민의힘이 공개한 사진들에 대해) **"국민의힘에서 4명이 마치 골프 친 것처럼 사진을 공개했는데, 확인하니까 우리 일행 단체사진 중에 일부를 떼어 보여준 거였다. 조작한 것", "그 안에 절반은 지금도 누구인지 기억을 못 하겠더라. 같이 갔는데."**

==

거짓말의 거짓말.

예상치도 못한 전개에 혼란스러웠다. 도저히 내 머리로는 이해가 되지 않았다. 이재명은 2018년 경기도지사 선거에서 허위사실공표 혐의를 벗은 적이 있었다. 그때 재판부는 그가 카메라 앞에서 '즉흥적이고 돌발적'으로 발언했다는 이유로 무죄를 선고했다. 이번에도 충분히 그럴 수 있었다. 그냥 단순 '말실수'로 넘길 수 있었던 것이다. 그럼에도 불구하고 그의 선택은 '단순한 하위 직원'인 것이다.

이재명은 대한민국에서 그 누구보다도 영리한 정치인이다. 분명 이렇게 하는 이유가 있을 것이라는 생각이 머리를 스쳤다. 이재명처럼 사고한다는 건 어떤 걸까? 이재명의 머리는 계산을 하고 있을까? 문득, 이재명이 예전에 작성한 SNS 글이 떠올랐다.

이재명이 2015년 7월 19일 자신의 트위터에 극단적 선택으로 생을 마감한 국정원 직원에 대해 이렇게 적었다.

"아무 잘못이 없는데 왜 자살하나요?"

이재명과 그 일당들의 세계관에서의 자살은 무언가를 은폐하기 위한 수단일 뿐인 것이다. 자살을 한 것이 아니라. 자살을 당한 것.

그 때문에 김문기는 모르는 사람이 아니라, 몰라야 하는 사람이었고, 김문기의 존재가 부정당해야만 할 필요가 있었던 것은 아닐까?

2015년 어느 날의 기억이 내 머릿속을 주마등처럼 스쳐 지나갔다.

수상한 출장

===

성남시의회 제209회 행정기획위원회 제6차(2015.02.11.) 회의록

이기인 : 호주 다녀오셨나요?

유동규 : 예, 그렇습니다.

이기인 : 다녀오셨어요?

유동규 : 예.

이기인 : 어떻게 해서 다녀오셨어요? 추천받으셨나요? 아니면.

유동규 : 시市에서 공사公私에 두 명을 요청했습니다. 그래서 그
    때 개발사업본부에서도 개발본부장[3]이 가기 어려운
    상황이었고 그래서 제가.

이기인 : 개발본부장님이 가시기 어려운 상황이셨어요?

유한기 : 바쁜 사업들이 있어서 그거 추진하는데 제가 굉장히
    갈 처지가 못 됐습니다.

이기인 : 그래서 두 분 누구누구 가셨나요?

유동규 : 저하고 개발사업팀장하고 갔습니다. 우리가 전략기획
    팀이 저희 팀 소속이다 보니까, 본부 소속이다 보니까.
    그래서 저하고 김문기 팀장하고 두 사람이 갔다 왔습
    니다.

---

3 당시 개발본부장은 유한기였다.

이기인 : 호주 며칠 동안 다녀오셨죠? 트램 관련해서 갔다 오신 거죠?

유동규 : 예, 그렇습니다.

===

질의에 등장하는 출장은 2015년 1월 판교에 트램(노면전차) 설치를 추진하던 이재명 당시 성남시장이 해외 선진 교통체계를 배우겠다며 시찰단을 꾸려 9박 11일간 호주와 뉴질랜드에 다녀온 것을 말한다.

이 출장에는 사찰단장 이재명을 포함해 총 12명이 참여했다. 이 중 성남도시개발공사에서는 유동규와 김문기가 포함되었다. 애초의 계획에는 성남시 소속 공무원으로만 구성되어 있었으나, 이재명이 트램의 운영 주체가 될 성남도시개발공사 관계자를 참여시키는 것을 검토하라고 지시하였고, 이에 따라 성남도시개발공사는 개발사업 2팀장 이 모 씨를 출장자로 통보했다. 이후, 유동규는 출장자 명단에서 개발사업 2팀장 이 모 씨를 개발사업 1팀장인 김문기로 변경했다.

그리고 이 출장 이후에 개발사업 2팀장이 맡고 있던 대장동 개발사업이 개발사업 1팀장인 김문기에게로 이관되었다.

출장지에서 대체 무슨 일들이 있었던 것일까?

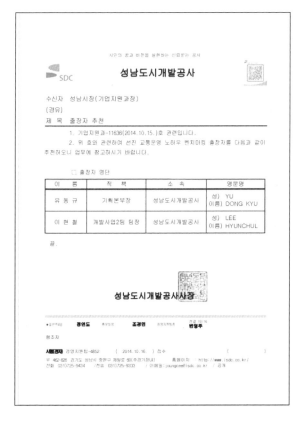

도시개발공사의 최초 트램 연수 직원은 유동규와 이현철

시민의 꿈과 비전을 실현하는 신뢰받는 공사

성남도시개발공사

수신자 성남시장(기업지원과장)

(경유)

제 목 출장자 변경 알림

    1. 기업지원과-14422(2014.12.22)호와 관련입니다.

    2. 위 대호와 관련하여 우리공사의 출장자가 변경되어 다음과 같이 알려 드립니다.

○ 출장자 변경사항

구 분	이 름	직 책	소 속	영 문 명
변경 전	유동규	기획본부장	성남도시개발공사	성) YU 이름) DONG KYU
	이현철	개발사업2팀장	성남도시개발공사	성) LEE 이름) HYUN CHUL
변경 후	유동규	기획본부장	성남도시개발공사	성) YU 이름) DONG KYU
	김문기	개발사업1팀장	성남도시개발공사	성) KIM 이름) MOON GI

끝.

성남도시개발공사사장

●담당자	이창직	개발계획부장	주지형	개발사업1팀장	김문기
협조자	총무처장	조경인			

사장(전자) 개발사업1팀-1309 (2014.12.24.) 접수 ( )
우 463-839 경기도 성남시 분당구 탄천로 215(야탑동 486) http://www.lsdc.co.kr
전화 031)725-9342 /전송 031)725-9349 / czlee@lsdc.co.kr / 공개

성남도시개발공사가 이재명 시장에게 보낸 출장자 변경 알림 공문

===

"나 얼굴 너무 많이 타 버렸어.

오늘 시장님하고 본부장님하고 골프까지 쳤다? 오늘 너무 재미있었고 좋은 시간이었어."

===

김문기가 출장 중에 가족들에게 보낸 영상편지의 일부다. 이는 김문기의 유족들이 2022년 2월 23일 이재명 측이 끝까지 김문기를 몰랐다고 잡아떼면서 오히려 회유를 시도하자 기자회견을 통해 공개한 영상이다. 여기서 '시장님'은 이재명이고 '본부장님'은 유동규다. 세 사람은 호주 멜버른의 골프장에서 캐디 없이 라운딩을 돌았고, 김문기가 카트를 몰며 캐디 역할을 했다.

골프뿐이 아니다. 김문기의 유족들이 이재명이 거짓말하고 있다고 확신하는 이유는 다음과 같은 자료들이 너무나도 많이 남아있기 때문이다.

2015년 1월 7일[수] 오클랜드 빅토리아 산에서 찍은 방문단 단체사진
왼쪽부터 故김문기, 김진욱, 유동규, 이재명

성난 시민

같은 시간, 같은 장소에서 번갈아 가며 사진을 찍은 이재명과 故김문기

같은 시간, 같은 장소에서 번갈아 가며 사진을 찍은 이재명과 故김문기

2015년 1월 7일[수] 오클랜드 트랙견학 거리를 거닐고 있는 **故김문기**와 이재명

2015년 1월 7일[수] 오클랜드 스카이타워 전망대에서 마주 보고 대화 중인
故김문기와 이재명

**2015년 1월 7일[수] 오클랜드 스카이타워 전망대에서 마주 앉아 식사 중인
故김문기와 이재명**

**2015년 1월 7일[수] 오클랜드 스카이타워 전망대에서 마주 앉아 식사 중인
故김문기와 이재명**

2015년 1월 7일[수] 알버트공원 대화 중인 故김문기와 이재명, 유동규

2015년 1월 11일[일] 로얄 보타닉 가든_여왕의 정원
故김문기를 바라보고 있는 이재명

2015년 1월 13일[화] 시드니 저녁만찬 단체사진 故김문기, 이재명, 유동규

2015년 1월 15일[목] 블루 마운틴에서 故김문기와 이재명

2015년 1월 15일[목] 블루 마운틴에서 함께 나무를 바라보고 있는
故김문기와 이재명

2015년 1월 15일[목] 올림픽 파크에서 같은 곳을 바라 보는 故김문기와 이재명

2015년 1월 15일[목] 올림픽 파크에서 같은 곳을 향하는 故김문기와 이재명

성난 시민

왜 시민의 세금으로 출장을 가서 요트와 골프 등등의 여가 활동을 했는지는 알 수 없지만, 그때마다 이재명은 김문기, 유동규와 함께 있었던 것은 분명하다. 9박 11의 일정을 함께 소화하면서 성남시와 아무런 상관없는 호주와 뉴질랜드의 천연 관광자원도 '견학'하고 골프도 치고, 다양한 활동을 함께했다. 이에 대해 이재명은 "패키지여행을 가면 다른 참석자랑 하루 종일 같이 있고 사진도 찍을 수 있지만 친해지진 않는다. 같은 프레임에 있었다는 이유만으로 가까운 사이라고 판단할 수는 없다."라고 주장한다. 사진에서 눈을 마주치고 있지 않다는 것도 김문기를 모른다는 근거로 내세웠다. 반면, 유동규는 출장자가 김문기로 변경된 것 자체가 친분의 증거라 주장한다. "이재명 시장이 아무래도 불편해할 거 같으니 친한 사람을 데려오라고 해서 참석자를 김 전 처장으로 변경했다."라는 것이다.

이재명의 변명도 계속 바뀌고 있다. 처음에는 우리가 공개한 사진이 조작이라는 식으로 이야기하더니 이후에는 '사진 속에서 눈을 마주친 것이 없다.', '안다'와 '모른다'는 주관적인 '인식'일 뿐, '행위'가 아니니 처벌할 수 없다고 주장하고 있다. 모르는 것이 확실하다는 주장이 더 이상 성립할 가능성이 없어 보이자 한발 물러난 것이다.

그러면 수상한 출장 이후에는 어떤 일들이 벌어졌을까?

성난 시민

2015년 2월 6일

2015년 2월 6일.

　이재명, 유동규, 김문기가 '수상한 출장'을 함께 다녀온 지 한 달이 채 안 되는 시점. 세 가지 사건이 동시에 발생했다. ① 성남도시개발공사 황무성 사장이 유한기 개발본부장을 통해 사직서를 제출했다. ②개발사업 2팀이 담당하던 대장동 개발 사업은 김문기가 팀장으로 있는 개발사업 1팀으로 변경되었다는 공문이 작성되었다. 그리고 ③자본금 5,000만 원의 한 회사가 성남에 설립된다.

통합공사 출범식 및 초대 황무성 사장 취임식
왼쪽부터 유동규, 故김문기, 이재명, 황무성, 최윤길, 故유한기

　우선, 황무성 사장은 2013년 9월 공사의 전신인 성남시설관리공단 사장으로 부임 후, 초대 성남도시개발공사 사장을 역임했다. 하지만, 임기가 절반도 지나지 않았을 때부터 사퇴 압박을 받아왔다. 처음 사직서를 요구받았을 때는 2014년 3~4월경이었다고 한다. 그때는 '충성맹세'의 의미로 사직서 제출을 요구받았고, 2014년 12월 말부터는 꾸준히 사퇴를 요구받았던 것이 드러났다.

　2015년 2월 6일, 유한기는 황무성을 세 차례나 직접 방문해 오후 10시에 기어이 사직서를 받아냈다. **당일에 녹음된 유한**

기와 황무성의 통화녹취에 의하면 유한기에게 이런 명령을 내린 것은 정진상과 유동규고, 이들은 시장인 이재명의 명命을 받은 것이라고 한다. 정진상과 유동규가 실제로 유한기를 통해 황무성에게 사퇴 압박을 넣었는지, 물러나지 않으면 어떻게 보복하려고 했는지는 알 수 없지만, 이들이 감히 거역할 수 없는 권력자들이라는 것은 알 수 있다. 그리고 황무성이 떠난 자리는 유동규가 직무대리를 맡게 되었다.

유한기는 황무성에게 "오늘 해야 됩니다. 오늘 아니면 사장님이나 저나 다 박살이 납니다."라고 할 정도로 다급했다. 황무성은 왜 2월 6일에 꼭 물러나야만 했을까? 성남도시개발공사에서는 무슨 일들이 진행되고 있었기에 그날 그렇게 억지로 사직서를 받아야만 했던 걸까?

【붙임 자료】

사람이 행복한 성남 시민이 주인인 성남

성남시

수신자 성남도시개발공사사장
(경유)
제목 성남도시개발공사 사장 면직 승인 알림

　1. 성남도시개발공사 인사전략팀-643(2015.3.6)호와 관련입니다.
　2. 성남시 도시개발공사 설립 및 운영에 관한 조례 제11조(사장) 및 도시개발공사
임원인사규정 시행세칙 제8조(의원면직) 규정에 의하여 도시개발공사 사장 면직 승인사항
을 다음과 같이 알려드립니다.

성 명	직 위	면직일자	면직사유	비 고
황 무 성	성남도시개발공사 사장	2015. 3. 11	의원면직	

끝.

주무관 최현숙　경영지원팀장 길관철　자산업무과장 문경수　행정기획국장 전형수
복지보건국장 박삼복　사장 이재명
협조자 물책임이사 정진상　부사장장 임승연
시행 예산법무과-4212　(　2015.03.10.　) 접수 인사전략팀-671　(　2015.03.10.　)
우 462700 경기도 성남시 중원구 성남대로 997 (여수동, 성남 시청) / http://www.seongnam.go.kr/
전화 729-2353　/전송 729-2339　/ cnj (leon@korea.kr　/ 공개

- 194 -

성남도시개발공사 황무성 사장 면직 승인 알림 공문

　황무성이 유한기와의 녹취록을 공개한 지 3일 후인 2021년 10월 28일, 유한기 당시 포천도시공사 사장은 녹취록과 관련하여 입장문을 발표하였다.

==

　최근 언론보도에서 2015년 2월경 대장동 개발사업 공모를 일주일 앞둔 시점에 본인이 황무성 사장님을 만나 사퇴를 권유했다는 의혹에 관한 본인의 입장을 밝힙니다.

　저는 과거 한신공영 상무로 재직 당시 황무성 사장님이 한신공영 사장직을 역임하였을 때 인연을 맺게 되었고 이후 황무성 사장님을 성남도시개발공사 사장직 모집에 응모를 권했던 사람입니다.

　그러나 황무성 전 성남도시개발공사 사장님은 공사업자와 관련된 소문과 사장 재직 당시 사기 사건으로 기소되어 재판받고 있었고(언론보도 내용) 이를 성남도시개발공사에 알리지 않았습니다. 저는 우연한 기회에 위 사실을 알게 되어 황무성 사장님과 그나마 친분과 인연이 있는 사람으로서 재판이 확정되어 도시개발공사에 누가 되거나 황무성 사장님 본인의 명예를 고려하여 사퇴를 건의하게 되었습니다.

　그러나 황무성 사장님은 사퇴 의지가 없는 것으로 사료되어 유동규 본부장을 거론하며 거듭 사퇴를 권유한 것 같습니다.

그리고 황 사장님은 자발적으로 사퇴하지 않고 임명권자 운운하였기에 제가 정진상 실장과 시장님 등을 거론하였던 것으로 생각됩니다.(이런 사실이 오래되어 잘 기억나지 않으나 기사화된 녹취록을 듣고 기억을 상기시킨 것입니다.)

제가 황무성 사장님 사퇴를 권유한 이유는 조용히 사퇴하는 것이 성남도시개발공사와 황무성 사장님 측 모두에게 좋다고 판단되어 이루어진 것이 이었으며 그 와중에 녹취록 내용과 같이 과도하게 권유한 점이 있었다는 것을 알게 되었습니다.

그리고 화천대유 김만배가 저에게 대장동 개발 관련해서 수억 원을 건넸다는 의혹 역시 전혀 사실이 아니고, 김만배씨와는 일면식도 없고 연락처도 전혀 모르는 사이이며, 당연히 돈을 받은 사실 자체가 없습니다. 말도 안 되는 허위 사실을 유포하여 계속하여 저의 명예를 훼손하는 행위에 대해서는 가능한 모든 법적 조치를 취할 것입니다.

위와 같은 내용에 대하여 수사기관에 적극 협조하여 명확히 답변드릴 계획입니다.

==

성난 시민

황무성은 실제로 2014년 6월 30일에 사기혐의로 기소되었다. 유한기의 주장은 황무성이 이러한 기소 사실을 **본인이 '우연한 기회에' 알게 되어 그 누구도 지시하지 않았음에도 불구하고 스스로 판단하여 2014년부터 3개월간 사직서를 요구**했다는 것이다. 그리고 황무성이 거부하자 **유동규와 정진상, 이재명의 요구라며 거짓말을 했고 2월 6일에는 3차례나 방문해 압박을 가한 끝에 사직서를 받아냈다는 것**이다. 그리고 본인은 이것이 당시에 과도하다 생각지 않았으나 녹취록을 들어보니 과도하게 권유한 점이 있었다는 것을 알게 되었다고 한다.

유한기의 주장이 사실이라 하더라도 확실한 것은 황무성이 본부장들이 사직서 쓰라고 하면 써야 하는 '바지사장'이었다는 점은 변하지 않는다. 그리고 황무성과 유한기는 정진상과 유동규가 시키는 대로 행동해야하는 입장이라는 점에서 공감대를 형성하고 있다. 정진상과 유동규가 요구하는 행위들이 시장인 이재명이 직접 요구한 사항인지는 알 수 없지만, 그들은 성남도시개발공사의 사장을 갈아치울 수 있는 위치에 있는 것이다. 그리고 유한기는 이런 지위에 있는 사람들의 요구라는 거짓말로 황무성에게 사직서를 받아냈다고 한다. 자신의 독단적인 행동과 거짓말에 황무성이 속아 넘어갔다는 주장이다.

유한기가 황무성에게 건넨 말이 거짓인지, 그의 해명이 거짓인지는 알 수 없게 되었다. 유한기가 의견서를 발표한 지 한 달이 좀 지난 2021년 12월 10일, 스스로 목숨을 끊었기 때문이다. 검찰 측이 대장동팀으로부터 유한기가 수억 원의 뒷돈을 받았다는 혐의로 특정범죄가중처벌법상 뇌물 혐의를 적용, 사전 구속영장을 청구한 다음 날이다. 그리고 그의 죽음으로 황무성에게 사퇴를 압박한 혐의로 고발당한 이재명과 정진상 등은 증거불충분으로 무혐의 처분이 내려졌다.

그럼에도 불구하고 의문은 남는다. 유한기는 왜 그렇게 집요하게 2월 6일에 사직서를 받아내야만 했던 것일까?

대장동 개발사업의 추진 절차가 단서를 제공할 수 있다.

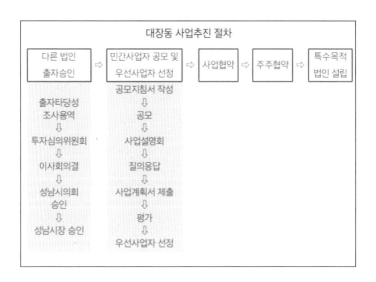

2015년 1월, 성남시는 출자 타당성 조사용역 결과인 〈대장 동 개발사업 추진에 따른 다른 법인에 대한 출자승인 검토 보 고〉를 받았고, 이재명도 여기에 서명했다. 결과는 "사업 적정 성 여부, 사업별 수지 분석, 재원 조달방법, 지역경제에 미치는 영향 등 타당성 검토 결과 사업의 조속한 시행을 위해 다른 법 인에 출자하는 것은 타당함." 사업의 위험성이 상당했다는 이재 명의 주장과는 달리 무조건 되는 사업이라는 분석이었다.

다른 법인에 대한 출자 승인 검토보고 이재명 결재 공문

이 보고서의 'SPC 출자 필요성'항목에는 "(성남도시개발공사가) 공동출자자로 참여해 민간이 수익을 지나치게 우선시하지 않도록 하고, 사업 정상 추진을 위해 사업 전반을 관리·감독한다"라고 적혀있다. 민간사업자들이 수익을 다 가져가게 하지 말고 관리·감독을 잘하라는 것이다. **5,000만 원을 출자한 화천대유 자산관리가 무려 577억 원의 배당금을 받으며 수익을 낸 상황** 등을 고려하면 관리·감독이 제대로 이뤄졌다고 볼 수 있을까?

대장동제1공단 결합도시개발 신규 투자
사업을 위한 다른 법인에 대한 출자
추 진 계 획 (안)

2015년

성남도시개발공사

다른 법인에 대한 출자 추진계획(안) 표지

2　**SPC(PFV) 출자 사유**

○ 도시개발법 제22조(토지의 수용 및 사용)에 따라 「지방공기업법」에
　따라 설립된 성남도시개발공사에서 100분의 50 비율을 초과하여
　출자한 경우 사업에 필요한 토지 등을 수용할 수 있음
○ 결합도시개발 사업의 토지의 수용 또는 사용 방식 사업추진
○ 대장동·제1공단 결합도시개발 사업의 SPC에 50% 초과 지분을 출자
　하여 단순한 수익창출이 아닌 공익성 확보
○ **공동출자자로 참여하여 민간이 수익을 지나치게 우선시하지 않도록**
　하고, 정상적인 사업추진을 위해 사업 전반에 관한 관리·감독
○ 각종 인·허가 및 개발로부터 발생하는 민원에 대한 지원 등 행정적
　지원을 통하여 원활한 사업추진

추진계획(안)에 기재된 SPC(PFV) 출자 사유_민간이 과다 수익을 가져가지 않도록
관리 감독하라는 근거

81

2015년 1월 6일부터 16일까지의 '수상한 출장'이후인 1월 26일 성남도시개발공사는 이 보고서를 기반으로 투자심의위원회를 개최한다.

당시 회의록에 의하면 성남도시개발공사가 50% 이상을 출자하고, 출자한 지분만큼의 수익을 가져간다는 지극히 상식적이고 당연한 내용을 투자심의위원회에서 의결하였다. 이른바, 초과이익이 발생하면 이를 환수할 수 있다는 '초과이익 환수조항'이 담겨있었던 것이다. 그리고 이 안을 기반으로 2월 4일 시의회에서 사업출자 타당성을 의결했다.

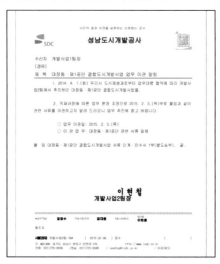

대장동·제1공단 결합도시개발사업 업무 이관 알림 공문

그리고 시의회 의결 직후인 2월 6일, 개발사업2팀이 담당하던 대장동 개발사업은 김문기가 팀장으로 있는 개발사업1팀으로 변경되었다는 공문이 작성되었다. 2월 13일에 민간사업자 공모가 이루어지기 직전이다. 그리고 김문기의 개발 1팀은 성남시가 출자한 지분만큼 수익을 얻어간다는 '초과이익 환수조항'을 삭제함으로써 민간사업자가 수익을 몰빵해서 얻어갈 수 있도록 했다. 시의회 의결을 받고, 민간사업자를 공모하기 직전에 급하게 사업의 방향을 바꾸어야 할 필요가 있었고, 방해될 것으로 예상하는 담당자들을 교체하는 방식을 택한 것이다.

초과이익 환수조항이 담긴 사업협약서 표지

문제의 초과이익 환수조항, 추가 비용 발생 시 민간이 부담하고 추가 이익금은 출자 지분율에 따라 별도 배당하며 낮은 분양가가 형성되면 성남도시개발공사가 직접 주택건설사업에 참여할 수 있다는 안전장치까지 마련되어 있었음

황무성이 사직서를 제출하고, 김문기가 대장동 사업을 맡게 된 그날. 대장동 개발사업에 참여할 목적으로 한 회사가 만들어졌다. 대장동 개발사업의 수익을 독점한 것으로 확인된 주식회사 화천대유 자산운영이다. 화천대유는 천화동인 1~7호까지 각각의 부동산 투자회사를 만드는 방법으로 1~7호까지 각각의 부동산 투자회사를 만드는 방법으로 3억 5천만 원을 투자해 대장동 사업수익에서 4,000억 원 넘는 배당금을 챙겼다.

화천대유火天大有와 천화동인天火同人. 이 요상한 이름들은 어디서 유래된 것일까? 화천대유와 천화동인은 주역周易의 64괘卦에 등장한다. 우선, 화천대유(火天大有)의 '화천'은 하늘의 불, 태양을 의미하고, '대유'는 커다란 만족을 의미한다. 이를 조합해보면 '하늘의 도움으로 천하를 얻는다'라는 의미로 풀이된다. 천화동인(天火同人)의 '천화'란 불이 하늘을 밝게 함을 의미하고, '동인'은 함께하는 사람을 의미한다. 이를 조합하면 '마음먹은 일을 성취할 수 있는 운'으로 풀이된다. 종합해보면 그냥 '다 같이 해 먹자'정도의 의미를 주역에서 끌어다가 붙인 것이다.

이런 큰 판 안에서 유한기는 김문기와 마찬가지로 장기판의 말처럼 부지런히 쓰이다 세상을 떠났다. 검찰조사를 통해 드러난 내용에 의하면 유한기는 생전에 아침 7시에 사무실에 나와서 직원들과 개발사업 업무를 봤다고 한다. 왜 그렇게 열심히 일하냐는 직원에게 유한기는 이렇게 말했다고 한다.

'내가 하고 싶어서 하냐? 하늘 위, 구름이 시켜서 하는 거다.[4]

---

4   월간조선(2023), "[단독] 故유한기 전 성남개발공사 본부장 "하늘 위 구름이 시켜서 하는 거다," 2023년 2월 21일

2015년 2월 6일.

마치 주역에서 날짜를 받아놓았던 것처럼 거대한 음모가 본격적으로 실행에 옮겨졌고 대한민국 정치권을 뒤흔들 '하늘 위 구름'이 성남의 작은 마을 대장동을 뒤덮고 있었다.

얼음과 불의 노래

권력은 부동산과 많이 닮았다. 위치, 위치, 위치가 모든 걸 결정한다. 중심부에 가까워질수록 재산 가치가 높아지게 되어있다. *(Power is a lot like real estate. It's all about location, location, location. The closer you are to the source, the higher your property value.)*

미국 드라마 〈하우스 오브 카드 House of Cards〉에 나오는 대사다. 권력을 부동산에 비유한 표현이지만, 우리나라에서는 권력과 부동산이 많이 닮은 수준이 아니라 '권력이 곧 부동산이고 부동산이 곧 권력'인 경우가 흔히 발생한다. 정치를 하기 위해서는 기본적으로 조직과 돈이 필요하다. 그것을 욕망이라는 양

념에 버무리면 경쟁력 있는 후보가 탄생한다. 물론, 사회가 어떻게 나아가야 한다는 비전과 철학, 그리고 그것을 뒷받침할 정책들도 필요하겠지만, 선거에서 당선되는 데에는 큰 도움이 되지 못한다.

아무튼, 이 모든 재료가 한데 모여 있는 곳이 부동산 단체다. 부동산 사업으로 돈과 사람을 모으고 단체를 조직해 당원 모집에 활용하고, 각종 행사나 집회에 동원한다. 이익이 큰 만큼 사람들도 적극적이다. 이렇다 보니 정치권에는 항상 소위 '꾼'이라 불리는 부동산 업자들이 득실거린다. 성남에는 성악을 전공하고 휴대폰을 팔다가 유명한 꾼으로 성장한 사람이 있었으니 그가 바로 유동규다.

유동규에게 2008년은 부동산 사업에 본격적으로 뛰어든 해였다. 성남시 분당구 정자동 한솔 5단지 아파트 리모델링 추진위원회 조합장을 맡게 된 것이다. 그때 당시 총무를 맡았던 사람이 김용. 훗날 더불어민주당 대통령 후보 경선 도중에 불법 정치자금을 받은 혐의로 구속되는 전 민주연구원 부원장. 이재명이 "김용 정도는 되어야 측근"이라고 하는 바로 그 김용이다.

당시 1기 신도시 분당은 부동산이 한창 들썩일 때다. 판교신도시 개발이 한창이었고, 상대적으로 오래된 1기 신도시 분당은 '리모델링'이 큰 화두였다. 재개발의 경우 지역이 개발된 지 30년 이상이 되어야 진행이 가능한 반면, 리모델링은 15년만 되어도 허가해주고, 안전진단서도 재개발은 최하등급(D, E등급)이 나와야 진행이 될 수 있지만 리모델링은 그렇지 않다. 이 때문에 당시 15년 이상 된 분당의 아파트 단지 주민들은 리모델링을 통한 재산 증식 혹은 새집 마련에 관심이 높았다. 당시에 물을 틀면 녹물이 나오는 등의 문제도 발생하고 있었기에 명분이 없지도 않았다. 하지만 당시의 건축법으로는 벽체가 기둥이 되는 벽체구조 아파트의 특성상 내력벽耐力壁.(기둥과 함께 건물의 무게를 지탱하도록 설계된 벽)을 뜯을 수 없어서 리모델링을 하고 싶어도 구조가 잘 나오지 않는다는 문제가 있었다. 즉, 입법 활동, 정치를 통한 해결이 필요했다.

2008년은 이재명의 정치 인생에 있어서 큰 변화가 있었던 한 해였다. 1995년부터 일찌감치 〈성남시민모임〉을 결성해 성남에서 활동해온 이재명은 성남시립의료원 설립 운동을 통해 성남 본 도심에서 쌓은 입지를 기반으로 2006년 성남시장 선거에서 낙선하였다. 이후 2007년 대선에서 정동영 후보 지지

그룹 '정동영과 통하는 사람들(이른바, 정통)'의 대표로 활약하며 혁혁한 공을 세우며 중앙 정치기반을 다졌고, 여세를 몰아 2008년 총선에서 자신의 정치적 기반인 성남 중원구에 출마를 선언했다. 하지만 당시 현역이었던 조성준 전 국회의원과의 경선에서 패배하며 위기를 맞이했다.

당에서는 경선에서 패배한 그를 보수색이 강한 분당갑에 전략공천했다. 이재명을 포함해 모두가 안 될 거라는 것을 알고 있었다. 하지만, 이런 위기는 이재명에게 엄청난 기회로 작용했다. 우선, 당시의 판세를 보면 2007년 대선에서 한나라당이 대승하고 이명박 대통령이 취임한 지 얼마 지나지 않은 '허니문'기간 동안 열린 선거였기에 아무리 진보의 색이 강한 중원구에 출마한다고 하더라도 승리가 보장된 것은 아니었다[5]. 어차피 이기기 힘든 총선이라면 2년 후, 차기 성남시장을 노리는 것이 나았고, 분당은 그런 기반을 다지는 데 최적의 장소였다. 진보의 색이 강한 성남 본 도심에서는 무조건 이긴다고 보고, 보수색이 강한 분당에서 6:4 정도로만 선전하면 2010년 선거에서 충분히 승산이 있었기 때문이다. 그러려면 선거를 통해

---

5   실제로 중원구에서 이재명을 꺾은 조성준은 한나라당 신상진 의원에게 패배했다.

서 1차적으로 지역구 당원들을 조직하고, 2년 후에 자신의 지지기반이 되어줄 강력한 아젠다와 지지기반이 필요했다.

2008년 총선에서 한나라당이 성남의 4개 지역구 모두에서 승리를 거두었다. 리모델링 추진을 위해 정치권의 도움이 필요했던 유동규는 지역 국회의원들의 문을 두들기기 시작한다. 정자동이 속한 분당을의 임태희 의원, 바로 옆 지역구인 분당갑의 고흥길 의원을 찾았지만, 문전박대를 당했다. 이걸 두고 이들이 주민들의 열망을 무시했다고 보긴 어렵다. 오히려 정치신인도 아니고 오래전부터 정치권 주변을 맴도는 부동산 꾼(?)들을 하루 이틀 본 사람들이 아니기에 유동규 같은 꾼을 문전박대하는 것이 어떻게 보면 정상적이라 할 수 있다. 어떻게 잘못엮여서 잘못될지 알 수 없는 상황에서 지지기반도 탄탄한데, 유동규 같은 꾼과 엮여서 좋을 게 하나도 없기 때문이다. 결과론적인 이야기지만, 결국에는 이들이 사람 보는 눈이 있었는지도 모른다.

유동규는 눈을 돌렸다. 여당이 안 되면 야당의 인물을 찾아야 했다. 때마침 그런 유동규를 찾아온 사람이 있었으니, 2000년도에 분당 지역 부동산문제와 관련해서 이미 주민들을 조직해 활동을 해 본 경험이 있는 이재명이었다. 이재명은 유동규가 가진 힘을 재빠르게 이해했다. 유동규가 쥐고 있는 한솔 5단지 1,100세대도 무시할 수 없는 힘이었지만, 리모델링이라는 아젠다를 선점함으로써 사로잡을 수 있는 민심을 캐치한 것이다.

두 사람은 '나로도 횟집'이라는 곳에서 처음 만났다. '백현동 개발 비리' 사건으로 구속수감 된 前 한국 하우징기술 대표 김인섭이 운영하는 가게였다. 그곳에서 이재명은 자신이 무엇을 도와주면 좋겠냐고 유동규에게 물었고, 유동규는 입법을 추진해 달라고 했다.

그렇게 의기투합한 두 사람은 곧바로 행동에 나섰다. 이재명이 정치력을 발휘하면, 유동규가 사람을 모아주었다. 유동규는 사이즈를 키워 한솔 5단지를 넘어 1기 신도시 리모델링 추진 연합회'의 회장에 올랐고, 이재명은 그런 유동규와 함께 유력 정치인들을 만나러 다녔다. 김용은 야탑동 매화 공무원 2단지 리모델링 추진위원장이 되었고, 사단법인 한국리모델링협회 제도개선위원회 수석 간사인 김문기도 함께 하게 되었다.

이재명과 유동규는 수원의 김진표, 시흥의 조정식 등을 만나며 입법을 추진했고, 국회에서 토론회도 열었다. 유동규에 의하면 이재명이 토론회를 추진하면서 평일 낮에 국회 대강당에서 열기로 정했고, 자신은 1기 신도시 리모델링 추진 연합'회원들을 각지에서 동원해 사람들을 차로 실어 날라서 2,000명을 채워 넣었다고 한다. 토론회는 성황리에 개최되었고, 정치권에서 큰 반향을 일으켰다. 신도시 리모델링은 이재명의 정치적 브랜드가 되었고, 유동규는 그 브랜드를 움직이는 몸통이 되어주었다.

정치적으로 누구보다 냉철한 감각을 가진 이재명.
커다란 판돈이 걸린 사업을 향한 열망을 조직한 유동규.

그렇게 두 사람이 서로에게 이끌려 대한민국을 어둠 속으로 빨아들일 개발 비리를 만들어냈다.

===

<이재명의 검사사칭과 위증교사>

이재명은 이미 과거에도 부동산과 관계된 조직 활동을 해본

경험이 있었다.

2000년 '분당 백궁역 일대 부당 용도변경 저지 공동대책위원회'의 위원장을 이재명이 맡았는데, 지금의 정자역이 된 백궁역 일대의 업무·상업용지 8만 6천 평을 아파트 용지로 용도변경 하면서 민간업자들에게 이익을 몰아주었다는 의혹을 제기하며 당시 김병량 시장의 퇴진을 요구하는 등의 활동을 펼쳤다. 실제로 김병량 시장은 이 사건으로 제3자 뇌물수수혐의가 인정되어 유죄를 확정받았다.[6]

대책위 위원장으로서 이재명은 같은 당 소속인 김병량 시장의 퇴진운동을 펼치는 과정에서 불법적인 행동도 서슴지 않았다. 추적 60분 최철호 PD의 요청으로 이재명이 특정 수원지검 검사의 이름을 알려준 후 최 PD가 그 검사를 사칭하여 당시 민주당 소속 김병량 성남시장과 통화하며 이를 녹음했었고,

---

6 김병량은 지난 2000년 8월 성남시 분당구 파크뷰 주상복합아파트 시행사 에이치 원 개발 대표 홍 모 씨에게 파크뷰 설계용역을 선거 때 자신을 도와준 K 건축사 사무소에 주도록 해 건축사가 3억 원의 이득을 보게 한 혐의로 기소돼 원심에서 징역 1년, 집행유예 2년을 선고받았다.

이를 2002년 성남시장 선거 20일 전에 폭로한 것이다.[7] 그 유명한 '검사사칭 사건'이다. 김병량은 당시의 녹음이 불법적으로 이루어졌다고 주장했는데, 이재명은 적반하장으로 김병량의 허위주장에 의해 자신의 명예가 훼손되었다며 김병량을 고소했다. 덕분에 법원에서는 검사사칭에 가담한 혐의에 더해 김병량으로 하여금 형사처분 또는 징계처분을 받게 할 목적으로 허위의 사실을 신고했다며 무고죄까지 적용되어 벌금 150만 원이 선고되었다.

이재명의 검사사칭과 무고혐의가 다시 수면위로 떠오른 것은 2018년 제7회 전국동시지방선거 때다. 2018년 5월 경기도지사 선거 후보자 TV토론에서 이재명은 '검사사칭에 관여한 바 없다'라고 거짓말을 했다. 대법원의 판결을 부정한 것이다.

이 발언으로 공직선거법 위반 허위사실 공표로 기소가 되었는데, 여기서 이재명은 증거 조작에 나섰다. 2018년 12월경 김병량 시장의 수행 비서였던 김진성에게 수차례 전화를 걸어

---

7 김병량은 이 선거에서 후임 한나라당 이대엽에게 패배한다. 실제로 당시 이대엽 성남시장 캠프의 주요 인사는 '이재명이 한나라당 집권에 혁혁한 공을 세웠다.'라고 평가했다.

'이재명을 주범으로 몰기로 방송국과 김병량 시장 간의 밀약이 있었다'라는 식으로 위증을 요구한 것이다. 이에 김진성은 2019년 2월 14일 열린 법정에서 이재명의 지시대로 증언했고, 2019년 5월 16일 이재명은 무죄가 선고되었다.

민주주의의 근간과 사법체계를 가지고 논 것이다.

다행히 이 혐의에 대해서 검찰이 이재명과 김진성 간의 통화 내용을 확보해 사실관계를 파악했다.

참고로 김진성은 '백현동 개발 특혜 의혹'의 핵심 로비스트 김인섭과 26년 지기로 김인섭이 알선수재 혐의로 수감 중이던 지난 2015년 4월부터 약 1년간 김인섭의 옥중서신을 외부에 전달하기도 했다. 이런 김진성이 김인섭에 대해서 성남시의 비선조직이라고 법정에서 증언하기도 했다. 이재명의 위증교사가 김인섭의 백현동 로비와 연관이 있을 수 있다는 것을 짐작해 볼 수 있는 대목이다.

===

어떤 공생

부동산을 통해서 조직되는 것은 주민들뿐만이 아니다. 부동산 개발에는 종종 말 그대로 '조직'이 붙는다. 드라마나 영화에도 종종 등장하는 건설현장 용역깡패를 상상해보면 쉽게 이해할 수 있다. 하지만 상상하기 힘든 것은 영화에나 나올 법한 깡패들과 정치권의 결탁 스토리가 현실에서 그것도 대한민국의 미래가 가장 먼저 열린다는 수도권 100만 도시 성남에서 벌어지고 있다는 점이다.

어떻게 된 배경인지는 성남이라는 도시가 어떻게 형성되었는가를 알 필요가 있다.

1960년 후반, 박정희 정부는 서울의 무허가 판자촌을 정리할 계획으로 '판자촌 주민 이주 계획'을 세운다. 무허가 주택을 개량해 양성화하거나 판자촌 주민들을 새로운 주거지 촌으로 이주시킨다는 계획이다. 새로운 주거지 촌으로 선정된 지역은 당시 경기도 광주군 중부면 일대, 오늘날 성남의 본 도심으로 불리는 수정구와 중원구 일대였다.

정부는 청계천과 서울역 일대에서 살던 빈민들에게 세 가지 조건을 내걸었다. 첫째, 한 가구당 20평씩 평당 2천 원에 분양한다. 둘째, 입주하고 3년 뒤부터 분할상환하면 된다. 셋째, 공장을 세워 일자리를 창출할 수 있다. 대신 '다시는 서울로 이사오지 않겠다'라는 서약을 해야 했다. 1969년 5월부터 71년 8월까지 서울에 살던 철거민 12만 6,215명이 빈민들이 정부의 말을 믿고 도착한 곳은 남한산성 인근의 가파른 경사의 황무지. 이들에게 주어진 것은 금이 그어진 12평의 땅바닥과 가구당 1개씩 지급된 군용텐트가 전부였다. 일자리는 물론이고, 화장실이나 상하수도와 같은 기본적인 인프라도 없었다.

아무것도 없는 황무지에 12평의 땅에 집을 짓는다는 것은 빈민들에게 상상도 하기 힘든 일이었다. 일자리도 없었기 때문에 먹고 살길이 막막한 사람들은 분양 딱지를 헐값에 다시 팔았고, 이는 투기로 이어졌다. 고건 전 총리의 증언에 따르면 한 철거민 이주촌에서 "여기 마을에서 굶주림 때문에 아기를 삶아 먹었다는 풍문이 돕니다."라는 말도 나왔다고 하니 당시가 얼마나 참혹했는지 상상조차 하기 힘들다.

여기에 1971년 경기도청이 이주민들에게 토지 대금을 청구하는데, 청구금액이 평당 8천 원에서 1만 6천 원이었다. 정부가 약속한 평당 2천 원보다 4배에서 8배까지 차이가 났고, 당시 개발되던 강남의 토지가격이 평당 1만 2천 원 정도 했으니 빈민들이 감당하기 힘든 금액이었다. 게다가 7월 말까지 일시불로 내지 않으면, 6개월 이하 징역 또는 벌금 30만 원을 부과하겠다는 추신까지 붙어 있었다. 주민들은 분노했고, 〈분양지 불하 가격 시정 대책위원회〉를 꾸려 정부에 항의했으나 그 누구도 답을 주지 않았다.

이에 1971년 8월 10일. 주민들이 거리로 쏟아져 나왔고, 군중 300여 명이 성남출장소로 달려가 성남출장소를 때려 부수고 불태웠다. 정부는 경찰 기동대 700여 명을 투입해 진압에 나섰지만, 역부족. 결국, 정부가 이주민들에게 사과하고 광주

대단지(성남출장소)를 성남시로 승격할 것과 이주민들의 요구를 모두 들어줄 것을 약속한 후인 8월 12일에야 주민들이 자진 해산했다. 이것이 해방 이후 최초의 대규모 도시 빈민투쟁으로 기록된 '광주 대단지 사건'이다.

성남출장소가 성남시로 승격했던 1973년 무렵, 광주대단지 사건에서 강제 이주를 집행했던 이른바 '용역 깡패'들은 성남출장소 중심으로 형성된 성남에 세워진 모란, 중앙, 국제, 성호 시장의 상권을 중심으로 세력을 키워나갔다. 최대의 개고기 시장이 있었던 모란시장 등지에서 상인들로부터 자릿세를 받거나 다방, 유흥업소 등에서 업자 보호를 명목으로 돈을 받아 챙기는 폭력 조직으로 탈바꿈해 득세하다가도 조직 간의 다툼으로 인한 쇠락을 거듭했다.

2003년부터 판교가 개발되기 시작하면서 이 용역 깡패들은 세력 간의 다툼보다 타협을 선택하며 이권을 나눠 먹기로 약속한다. 그로 인해 쉽게 인력을 조달할 수 있는 무허가 '경비용역'업체를 만들고 건물의 보안 업무 등으로 사업을 확장해 나갔다. 이런 무허가 경비용역 업체를 만들어 운영하던 사람 중에는 '이무상'이라는 사람도 있었다.

이무상은 2005년 성남 지역 1960년대생 모임인 '진우회'에서 이재명을 처음 만났다. 이무상은 이재명을 자신이 임원으로 있는 '국제경호무술연맹'의 법률고문으로 임명하며 인연을 이어갔다. 이무상이 주관하는 행사에는 김두한의 후계자로도 잘 알려진 주먹계 대부 조일환도 종종 참석했는데, 이 때문에 이재명과 조일환이 사진에 같이 찍히는 일도 있었다.

2007년 9월 8일 새벽 2시 이무상이 운영하는 경비용역업체 '특별경호단'은 성남지역 폭력조직 '종합시장 파'와 '국제마피아 파' 43명을 동원해 성남시 분당구 서현동의 '풍림아이원 오피스텔'을 급습한다. 지하2층에 위치한 기존 보안 용역업체 MIB 시스템 사무실에 진입을 시도했는데 MIB 시스템 보안용역 직원들이 철문을 잠그고 소화기를 분사하며 저항했다. 하지만 결국, 철문은 뜯어졌고, MIB 소속 직원들은 끌어내져 폭행당했다. **이 사건에 가담한 '특별경호단'소속 김진욱은 2009년 '폭력행위 등 처벌에 관한 법률'위반**(집단, 흉기 등 상해, 폭행, 재물손괴) **혐의로 기소됐고 같은 해 7월, 징역 6개월 집행유예 1년을 선고받았다. 이재명의 수행과 의전을 전담하는 최측근 중 하나로 꼽히는 민주연구원 노동 대외협력국장 김진욱과 동일인이다. 참고로 김진욱은 2004년 외국산 소고기**

에 축협 마크를 붙여서 팔다 걸려서 구속됐다가 집행유예 판결을 선고받고 석방된 이력도 있다.

  이재명과 국제마피아의 인연은 2006년으로 거슬러 올라간다. 2006년 5월 8일 어버이날 새벽, 이재명의 조카 김대용이 서울특별시 강동구 암사동에서 자신과의 교제를 거부하는 여성을 스토킹 끝에 찾아가 어머니와 함께 잔인하게 살해하고 아버지인 공모 씨를 중태에 빠트린다. 이른바 '암사동 모녀 살인사건'이다. 이재명은 김대용의 변호를 맡아 심신미약을 주장하며 감형을 시도했고, 피해자 유가족에게 그동안 아무런 사과나 피해보상을 하지 않도록 했다. 김대용은 국제마피아의 악명 높은 에이스 칼잡이로 딸과 어머니를 각각 19번, 18번 찔렀다.[8]

  2007년 3월에는 국제마피아 조직원 61명이 검거되는 사건이 발생했다. 2005년 10월 14일 공사대금 미지급으로 경매에 나온 강원도 정선의 A 모텔 낙찰자에게 대금 회수를 위임받았다는 허위문서를 제시, 3억 원을 빼앗는 등 건축현장 이권에

---

8 이재명은 이 사건을 단순한 '데이트 폭력 사건'이라고 얘기했다가 유족들로부터 소송을 당하기도 했다. 이재명의 세상에서는 데이트 폭력의 범주가 이렇게 남다르다.

개입하거나 유흥업소 보호비 등의 명목으로 2004년부터 최근까지 20여 차례에 걸쳐 6억5천여만 원을 갈취한 혐의다. 이때 이들을 변호한 사람도 다름 아닌 이재명이었다. 이재명의 변호를 받은 조폭 중 두 명은, 반성문을 쓴 것 등이 참작되어 집행유예로 풀려났다.

얼마 후인 2007년 8월 3일, 성남 수정구에서 국제마피아 조직원 이 아무개가 과거 연인 관계였던 A씨(당시 40대)를 A씨의 딸이 보는 앞에서 8차례 회칼로 찔러 살해하는 사건이 벌어졌다. 이 사건 또한 이재명이 변호를 맡았으며, 심신상실과 심신미약을 주장했다. 이에 재판부는 징역 15년 형을 선고했는데, 범인은 2022년 8월 만기출소 했다.

깡패도, 살인범도 변호는 필요하다. 하지만, 인권변호사라고 했던 이재명의 이력을 보면 인권 변호의 이력은 없고 죄다 이런 것들뿐이다. 이정도면 인권변호사가 아니라 '살※'인권변호사 아닌가 싶다.

드라마 〈브레이킹 배드Breaking Bad〉, 〈베터 콜 사울Better Call Saul〉에 등장하는 변호사 사울 굿 맨이 멕시코 마약 카르텔의 친구였듯, 이재명은 성남 조폭의 든든한 친구가 되어주었고, 깡패들은 자신들이 가장 잘하는 방식으로 보답했다. **이무상은 2008년 4월 '성남시 경호경비연합회'를 설립하는데 이 단체가 이재명의 든든한 정치적 후원 조직이 된다.** 필요하면 언제든 동원될 수 있는 사람들이 있다는 것은 정치에서 특히 선거에서 매우 중요한 힘이다. 조폭은 불합리한 명령에도 까라면 까고, 철저히 위계를 지키며 입도 무겁기에 의전이나 수행으로 써먹기에도 탁월하다.

2010년 성남시장 선거에서 '이무상은 이재명의 수행을 총괄' 한다. 이재명과 김혜경을 직접 수행하는 업무는 김진욱-김진국 형제가 각각 맡았다. 경호는 물론, 선거 일정상의 수행은 후보 본인의 수락이 없다면 불가능한 일이다. 결국 이재명 당사자가 선택하고 고용한 사람들이라는 것이다. **이무상은 이재명이 필요로 하는 인력을 공급해주었고, 이재명은 이무상 일당들을 양지에서 활동할 수 있는 정당성을 부여해주었다.** 선거에서 세력과 수행을 제공해 준 대가는 그들에게 각종 계약과 공공기관으로의 취업으로 돌아갔다.

이재명의 당선 직후 이무상과 김진욱은 '새싹지킴이'라는

시민단체를 설립해 각각 단장과 부단장을 맡는다. 관내 아이들을 학교로 안전하게 데려다주는 활동을 하는 단체다. 성남시는 2011년 당시 두 차례에 걸쳐 이 단체에 4,300여만 원의 보조금을 지급했고, 이 시장은 관련 행사에 여러 번 참석하기도 했다. 덕분에 성남의 수많은 어린이가 성남시로부터 돈을 받는 깡패들과 등하교를 하는 진풍경이 펼쳐졌다. 또한 경호경비연합회 출신 이재명의 이종 조카인 서 모 주무관은 2016년 1월 성남시청에 채용됐다. 이 밖에도 김혜경 씨를 수행했던 인사 등 여러 연합회 출신 인물들은 임기제 공무원, 공무직 등의 형식으로 곳곳에 취업해 있다. 수입은 넉넉하지 않았지만, 관공서에서 받는 계약과 공공기관 취업으로 인한 신분의 세탁은 이들의 처지에선 거부할 수 없는 대가였을 것이다.

영화 〈아수라〉에나 나오는 정치권과 조직폭력배와의 공생은, 캄캄한 밀실에서 돈다발 가득 담긴 007가방을 서로 나누며 음흉한 웃음을 지어대는 그런 그림이라면, 현실에서는 용역 깡패 출신으로부터 그들의 호위를 받으며 세력을 동원 받고 그 대가로 그들의 신분 세탁을 위해 공공의 일자리를 쥐여주거나 계약을 체결해 주는, 악어와 악어새 같은 형식인 것이다.

이 중에서 아무래도 가장 눈에 띄는 것은 김진욱이다.

앞서 풍림아이원 오피스텔 사건에서 언급된 김진욱은 2012년 성남시청 행정 지원과 소속의 공무원으로 활동했고, 이재명, 유동규, 김문기가 함께한 '수상한 출장'에도 동행했다. 이후에 이재명이 경기도지사가 되자 경기도지사 수행비서를 맡았고, 최근에는 민주연구원 노동 대외협력국장까지 올랐다. 깡패 출신이 대한민국 제1야당의 국장급으로까지 오른 것이다. 그나마 드러난 김진욱이 그 정도면 아직 드러나지 않은 조직원들이라고 각종 공직과 당직을 장악하지 말았으리란 법이 있을까?

정치권과 깡패의 유착은 우리 헌정사에서 아주 오랜 악습이었기에 새로울 것은 없다. 1950년대 자유당 정권의 이정재와 유지광, 1976년 김태촌의 서방파가 벌인 '신민당 각목 사건', 1987년 통일민주당의 창당을 방해한 이른바 '용팔이 사건' 등등 정치와 깡패들은 이권을 매개로 종종 악어와 악어새 같은 관계를 유지했다. 하지만 이정재, 유지광, 김태촌 등이 공직을 맡는 경우는 없었다. 물론, 김두환이 국회의원이 된 예는 있었지만, 이것도 반세기 전의 일이다.

이쯤에서 다시 한번 정치인의 '공생共生'에 대해 생각해 본다. 본인의 입신立身을 위해 무고한 사람들을 때리고 갈취한 조직폭력배라도 이득이 된다면 함께 공생하는 정치인을 우리는 어떻게 평가해야 할까? 목적을 달성하기 위해 과정이 어떠하든 누구와도 유착해도 된다는 사고. 만약 이런 사고를 하는 사람이 대통령이 된다면 대통령실과 정부 부처엔 어떤 사람이 채용되어 일을 하게 될까? 물론 상상은 자유이다.

==

국제마피아와 이준석의 '코마'

국제마피아 출신 이준석은 2012년 3월에 〈코마〉라는 회사를 설립했다.[9] 당시 사업목적은 '전자제품 및 전자기기 도소매업', '통신기기 도소매업' 등이었다. 사업이 얼마나 성공적이었는지 이준석은 3년 만에 대대적인 확장에 나서는데 2015년 6월 코마홀딩스, 2015년 8월 코마트레이드, 2015년 11월 코마서비스를 차례로 설립했다. 코마와 코마트레이드는 샤오미 제품 수입과 판매를, 코마홀딩스는 지주회사를, 코마서비스는 제품 애프

---

9 이준석에 의하면 사명은 '코리아'와 '마닐라'의 앞 글자를 따서 지었다고 한다. '마'는 '마피아'가 아니냐는 의심을 받기도 한다.

터서비스(AS)를 맡았던 것으로 전해졌다.

이준석은 성남시에서 왕성한 대외활동을 펼치면서 2015년 10월 성남시와 복지시설 환경개선 업무협약을 체결하고, 노인 요양시설 등에 공기청정기를 기부했으며 2016년 1월 11일, 성남FC와 협약식을 맺었다. 이재명은 이런 이준석에게 성남시 중소기업인 대상 '장려상'을 수여했고, 감사하다는 인사를 SNS에 게시하기도 했으며, 해외 판로개척과 세무조사 면제 등의 혜택을 주었다는 의혹도 받고 있다.

이렇게만 보면 깡패가 갱생해서 제대로 된 사업을 하려나 보다 하고 대견하게 생각할 수도 있겠지만, 실상은 전혀 그렇지 않았다. **이준석의 코마는 애초에 2010년 전후로 국제마피아가 손을 대기 시작했던 불법 도박사업 등을 통해 확보된 돈을 세탁하기 위해 만들어진 회사들이었기 때문이다.**

그리고 직원들은 이름만 올려놓고 출근은 하지 않는 유령직원들이었는데 대부분 전직 공권력 관계자들이나 조직원의 가족들이었다. 이를 통해 공권력을 매수하는 데 성공한 국제마피아의 단원들은 수배자 신분임에도 부패 경찰들과 어울리며 같이 여행도 가고 밥도 사주곤 했다. 사업에 중요한 역할을 해준 부패 경찰이나 공무원은 이사로 임명하기도 했다.

이재명이 인정하고 경찰과 공무원들이 뒤를 봐주는 폭력 조직이 된 국제마피아는 성남에서 무소불위無所不爲의 권력을 휘둘렀다. 권력의 뒷배가 있으니 거리낄 것이 없었다. 그 영향력이 어느 정도였는지 단적으로 알려주는 것이 코마에서 세운 중국 전자제품 수입 프랜차이즈 '차이소' 홍보에 성남지역 정치인들이 총동원되었다는 점이다.

일단 시작은 역시나 이재명이 끊었다. 코마가 노렸는지는 알 수 없지만 차이소의 1호점은 이재명이 거주하는 수내동 금호아파트 앞 금호 행복시장 지하 1층에 오픈했다. 이곳을 이재명이 김혜경과 함께 방문한 사진을 직접 본인 SNS에 게시해 홍보를 도왔다. 더 가관인 것은 2008년 1월, 차이소의 대전 동구 가오점 개업식 때다. 여기에는 성남지역 정. 관계 인사들의 화환과 축전이 줄을 이었다.

성난 시민

님

차이소대전가오점 개업을 축하드리며, 나
날이 번창하시길 기원합니다.

성남시장 이재명

사진에 축전과 화환을 보낸 사람들의 명단은 화려하다. 전
이명박 대통령실장이자 전 성남시 분당구을 국회의원 임태희,
성남시 수정구 국회의원 김태년, 성남시 분당구갑 국회의원 김
병관, 경기도 광주시을 국회의원 임종성 등등 모두 성남과 관
련이 있는 거물 정치인들이다. 세상에 어떤 프랜차이즈 가맹
점에 이렇게 지역의 거물 정치인들이 이렇게 너도나도 축전과
화환을 보낼까? 국제마피아의 영향력이 어느 정도였는지를 알
수 있게 하는 대목이다.[10]

국제마피아가 세상에 이름을 알리게 된 것은 이른바 '파타

---

10 물론, 이 프랜차이즈도 결국에는 물건이 제대로 납품되지 않는 등의 문제
가 심각했고, 사실상 가맹사기나 마찬가지여서 가맹점주가 성남으로 직접 찾
아와 성남지역 정치인들에게 도움을 요청하기도 했다.

야 살인사건'이 TV를 통해 알려지면서다. 너무나도 길고 잔혹한 이야기지만 요약해본다면 국제마피아파가 IT분야에 재능을 보이던 경찰지망생 임동준이 컵라면으로 끼니를 때우는 등 궁핍한 상황에 처해있는 것을 깨닫고 돈으로 회유해 태국 파타야에서 불법 도박사이트 코딩 노예로 부려먹다 잔혹하게 살해한 사건이다.[11] 임동준의 나이는 불과 25살. 국제마피아는 이렇게 기업화된 불법 도박사이트를 운영하면서 취업난과 저임금에 허덕이는 청년들을 불법의 세계에 노예로 이끌었고, 그 자금을 세탁하는 총책이 이준석과 코마였다.

그리고 성남의 정치인들은 그들의 든든한 뒷배였다.

이와 관련해 정치인들은 '몰랐다'고 하지만 그럴 리 없다고 생각한다. 정치를 해보면 안다. 성남이 아무리 100만 인구의 도시라 하지만 정치권과 가깝게 지내는 사람들만 보면 아주 좁다. 게다가 이재명은 국제마피아의 오랜 친구이자 상부상조의 관계를 성남시장이 되고 나서도 유지했던 사람이다. 조폭을

---

11 범인 김형진과 윤명균은 잡혔지만, 살인에 관해서 이 사람 저 사람에게 책임을 분산시키는 블레임 게임을 펼쳤다. 하지만 재판부는 2023년 18일 살인과 시체유기 혐의로 기소된 김 씨의 항소를 기각해 징역 17년을 유지했다.

동원하고, 공직을 주고, 신분세탁 까지 시켜준 모든 행위는 이
재명이 직접 한 것이다. 이제 와서 그들이 어떤 사람들인지 몰
랐다는 것은 변호인 역할도 해온 사람이 할 수 있는 말은 아니
다.

==

수상한 거래

과거 군대에서 정훈교육을 받거나 예비군에 참가하면 베트남이 공산화되는 과정에 대한 영상자료를 보여주곤 했다. 극소수의 좌익간첩들이 군대, 언론사, 학교, 종교단체 등에 침투했고 선동당한 민중들이 속아서 공산주의가 전염병처럼 퍼지는 바람에 자유정부의 체제가 붕괴되었다는 등의 내용이 핵심이다. 오류가 굉장히 많은 영상이기도 해서 아직도 보여주는지는 모르겠다.

하지만, 영상에서는 베트남에서 공산주의가 민중의 마음을 사로잡은 것은 기존 정권의 부정부패가 그만큼 심각한 수준이었기 때문이라는 말은 하지 않는다.

공산주의는 부패腐敗와 불공정不公正을 먹고 자란다.

성남은 공산주의가 뿌리내리기 아주 좋은 토양이었다. 말도 안 되는 빈민의 강제 이주로 만들어진 땅을 개발하면서 온갖 부정부패不正腐敗와 비리가 난무했다. 법보다 주먹이 앞서던 시절, 합법적으로 돈을 벌 수 있는 인프라도 갖춰지기 전에 사람들부터 이주시켜 오다 보니 생존 앞에 법法과 윤리倫理는 중요하지 않았다. 돈이 있는 곳에는 언제나 조폭과 정치인, 사기꾼들이 즐비했다. 본 도심이 개발되고, 분당이 만들어지고, 판교가 만들어지면서 사기와 투기가 끊이지 않았고, 하루아침에 삶의 터전을 잃고 쫓겨나는 철거민들이 발생하는가 하면, 벼락부자가 되어 노름과 유흥에 빠져 집안을 말아먹은 가장들도 폭증했다.

부패와 불공정이 만연한 환경에서 선의善意로 뭉쳐 함께 도우며 살아가는 이들에게 함께 생산하고 함께 나누는 공산주의의 관념은 친근하게 다가왔을 것이다. 그리고 모든 문제의 원흉을 자본주의에서 찾는 것 또한 무리는 아니었다. 그 틈을 비집고 성장한 괴물이 있었으니, 그 유명한 이석기[12]와 경기동부 연합이다.

80년대 군부독재에 맞선 학생운동권은 NL(민족해방파)과 PD(민중민주파), 두 정파로 갈려있었다. NL은 우리 사회의 근본적인 문제를 미국에 종속된 민족모순이라고 판단하여 외세에 반대하며, 북한과 협력하여 통일로 나아갈 것을 주장했던 반면, PD는 우리 사회의 핵심 문제를 계급 문제로 보고 노동운동과 연계해 자본주의를 극복할 것을 주장했다. 이 중 NL이 주류를 이루었고, PD는 비주류였다.

1986년, 서울대학교 법과대학 출신의 김영환이 〈강철서신〉을 통해 북한의 주체사상을 수입해 NL에 전파하기 시작한다. 주체사상의 프로메테우스 격인 김영환은 지하조직 '반제청년동맹(반청)'을 결성해 활동하다가 남파간첩 윤택림과 만나 조선로동당에 입당하는데, 이후 조유식[13]과 함께 월북해 20만 불의 창당 비용을 조선로동당으로부터 지원받아 민족민주 혁명

---

12   전라남도 목포에서 태어났지만 고등학교는 성남의 성일고를 졸업했다.

13   조유식은 1998년 중고서점으로 유명한 알라딘 커뮤니케이션을 창업한다.

당(이른바, '민혁당')이란 지하당을 만든다. 이때 성남과 용인 등을 담당하는 경기남부위원회 위원장을 맡은 이가 이석기이다.

1999년 국가정보원이 이 지하조직을 적발해 국가보안법 위반으로 기소하면서 민혁당은 해체되고 김영환 등이 자수 및 전향했다.[14] 하지만 이 중에서도 끝까지 혐의를 부인하며 버틴 이들도 있었는데 그중 하나가 경기남부 위원장 이석기이다.

이석기와 경기남부위원회는 한국외대 용인캠퍼스를 거점으로 활동하던 강성 NL 조직인 용성총련(용인 성남지구 총학생연합)이 중심이 되었다. 군사정부로부터 배신당한 경험이 깊게 박혀 있는 성남, 리더 이석기의 생활 터전이었던 성남은 이들 조직이 뿌리내리기 아주 좋은 토양이었다. 지역 전체를 장악하지는 못했지만 소위 NL 계열 정당을 장악해나가던 이들은 통합진보당의 주축 세력으로 자리 잡는 데 성공했다. 그리고 어느새 그들의 이름은 경기동부연합으로 바뀌어 있었다.

---

14 김영환은 이후 데일리NK와 북한민주화네트워크를 만들어서 북한 민주화 운동에 나서고 있고, 극우로 전향해 뉴라이트의 토대가 되는 〈시대정신〉을 창간했다. 주체사상의 프로메테우스에서 뉴라이트의 아버지가 된 셈이다.

이석기와 경기동부연합은 바퀴벌레 떼처럼 어둠 속에서 다양한 사업을 운영하며 조직을 확장해나갔다. 자신들이 지하조직을 운영하는 동안 제도권 정치에 내세울 얼굴마담이 필요했는데, 그게 바로 김미희. 서울대학교 약학대학 학생회장을 역임한 김미희는 졸업 후, 성남시 수정구에서 약사로 터를 잡아 경기동부의 얼굴마담으로 민선 1기와 2기 시의원을 지냈다. 2004년 제17대 국회의원 선거, 2006년 제4회 전국동시지방선거 성남시장 선거, 2008년 제18대 국회의원 선거에 민주노동당 후보로 출마했다. 그 세 선거에서 각각 11.67%, 10.62%, 9.29%를 득표했으니 상당히 유의미한 성과를 낼 정도로 경기동부연합과 김미희는 강력한 세력을 구축했다.

그러던 2010년 성남시장 선거를 앞두고 이재명은 김미희의 도움이 필요했다. 한나라당의 황준기, 무소속 이대엽, 민주노동당 김미희까지 나온 선거에서 황준기, 이대엽이 단일화하지 말라는 법도 없고, 김미희가 예전처럼 10%를 가져간다면 승리를 담보할 수 없는 상황. 거래가 필요했다.

여러 차례의 협상 끝에 이재명으로 시장 후보 단일화가 이루어졌고, 이재명은 단일화에 힘입어 8% 차로 당선되었다. 정확히 어떤 것들이 오갔는지는 모르지만 일단, 김미희는 이재명이 당선되자 인수위원장을 맡게 된다. 당시 인수위에 참가한 인물들을 보면 다음과 같다.

===

위원장에 김미희, 부위원장에 김시중 국민참여당 성남시 위원장[15], 박광순 민주당 분당갑 지역위원장[16], 이덕수 성남자치참여연대 대표, 차지훈 법무법인 에이펙스 변호사.

고문에 김준기, 김성태 전 성남 예총 회장, 박무창, 염동준 전 시 의장, 장영하 변호사[17], 간사에 김현지 성남참여자치연대 前 사무국장, 백승우 민주노동당 사무부총장, 정진상 선거 캠프 공보실장, 대변인에 윤원석 〈민중의 소리〉 대표.

---

15 경기동부연합이라는 명칭은 대외적으로 붙은 것으로 정작 당사자들은 이런 명칭을 사용하지 않았다고도 한다.

16 박광순은 2012년 민주당 국회의원 선거 경선에 불복해 새누리당 후보로 성남시의회에 입성한 후, 시의회 의장에 올랐지만, 의장에 오르는 과정에서 투표 전 동료 의원들에게 금품을 제공한 혐의로 법정구속 되었다.

17 현재 국민의힘 성남시 수정구 당협위원장이다.

위원에 김진태, 김현경, 김홍철, 박경희, 박종수, 신건수, 오영선, 유동규, 유부구, 윤상화, 윤원석, 이상훈, 이영진, 이용대, 이용철, 이주승, 이종남, 이한주, 임예호, 장순화, 전석원, 정병문, 정정옥, 조양원, 조정식, 추웅식, 최강남, 최성은, 최숭원, 최정현, 한용진, 한희주.

===

정치 고관여층의 입장에서 익숙한 이름들이 좀 있을 거다.

이 중에서 대변인에 오른 윤원석이 대표로 있는 언론사 〈민중의 소리〉는 이석기가 이사를 역임한 적이 있는 곳이다. 이석기가 대표로 있는 사회 동향연구소라는 단체의 발표를 적극적으로 인용하면서 경기동부의 기관지 역할을 하던 곳이었다. 윤원석은 이재명 당선 2년 후에 열린 제19대 국회의원 선거에서 성남시 중원구 야권 단일후보에 오른다. 하지만 술자리를 마친 뒤 계열사 여기자를 강제로 껴안는 등 지위를 이용해서 노동자를 성적으로 추행한 파렴치한 행동이 드러나 출마가 좌초되었다.

덕분에 그 자리를 김미희가 이어받아 2012년 제19대 국회의원 선거에서 성남시 중원구 야권 단일후보로 국회에 입성할 수 있었다. 민주당의 텃밭이라 할 수 있는 성남시 중원구의 국회의원 단일후보 자리를 놓고 이재명과 경기동부연합이 사전에 거래한 것이 아닌가 하는 의심을 충분히 해볼 수 있는 대목이다.

또한, 성남시와 경기동부연합의 거래로 의심되는 정황은 이뿐만이 아니다. 위원 명단에 있는 한용진이 대표로 있는 사회적기업 〈나눔환경〉의 경연진에 참여한 사람들을 보면 다음과 같다.

김영욱 전 대표이사 : 이석기 전 의원 보좌관, 전 진보 정치연구소 부소장

윤용배 사내이사 : 경기동부연합 공동의장

정형주 사내이사 : <민중의소리>의 전신인 한국 민족민주 인터넷 방송 전 대표

송호수 본부장 : 이석기 의원이 운영하던 CNP 전략그룹 이사

이재명이 당선된 2010년에 설립된 〈나눔환경〉은 설립된 지 9일 만에 올라온 생활폐기물 수집운반업 허가를 위한 민간위

탁 운영업체 공고에 지원했고, 12개 업체가 경쟁한 사업에 생활폐기물 수집 및 운반 사업자로 선정되었다. 청소용역 실적이 전무한 신생기업이 10년 이상 청소대행을 한 다른 사업체들을 꺾고 사업을 따낸 것이다. 민주노총 이미숙 민주 일반노조 연맹위원장은 '통합진보당 4·11총선평가토론회'에서 성남의 사회적 기업인 나눔환경을 경기동부연합 소속인 김미희 시장 후보가 받았고 이를 이재명 시장에게서 직접 들었다고 발언한 바 있다.

이렇게 드러난 정치와 이권 사업만 해도 이 정도인데, 드러나지 않은 건 얼마나 더 많겠는가?

돈과 조직의 카르텔. 정치와 부동산, 조폭이 어우러져 훗날 대한민국을 집어삼킬 '퍼펙트 스톰(Perfect Storm)'이 성남에서 태동하고 있었다.

성난 시민

점령군

　"이번 승리는 이재명 개인의 승리가 아닌, 변화를 갈망하는 성남시민 여러분의 승리입니다."

　"이제 새로운 성남의 미래를 향한 희망찬 새 역사가 시작될 것입니다."

　"개발주권 자치 실현을 위한 위례신도시 및 보금자리주택의 사업권 확보, 예산 집행과정에 시민 참여 등 시민이 주체가 되는 진정한 지방자치를 펼쳐나가겠습니다."

　2006년 성남시장 선거, 2008년 국회의원 선거에서 고배를 마신 이재명이 드디어 성남시청에 입성했다. 이재명뿐 아니었다. 리모델링 조직화의 1등 공신 김용도 분당에서 성남시의원에 당선되었다. 이재명과 함께 유동규, 김용 등의 리모델링 꾼들, 김진욱 형제 등의 폭력조직원들, 김미희를 비롯한 경기동부연합 공산주의자들로 구성된 점령군은 재빠르게 다음 작업에 돌입했다.

모라토리엄 형 인간

"이달 중 판교신도시 조성에 따른 정산이 끝나면 공동공공사업비와 초과수익 부담금 5,200억 원을 판교특별회계에서 지출해야 하지만, 현재 성남시의 재정 상황으로는 일시 변제 또는 단기간 변제가 불가능하므로 지불유예(모라토리엄) 선언을 할 수밖에 없다."

2010년 6월 2일 치러진 제5회 전국동시지방선거를 통해 성남시장이 된 이재명은 시장 취임 후 첫 기자회견에서 이같이 밝혔다. 국내 지방자치단체 중 처음으로 모라토리엄(채무 지불유예)을 선언한 것이다. 그러면서 전임 이대엽 시장이 판교특별회계에서 일반회계로 돈을 전용했기 때문에 갚을 돈이 없다는 점을 강조했다.

"전임 집행부가 지난 4년간 판교특별회계에서 5,400억 원을 전출해 신청사 건립과 공원로 확장공사 등 '불요불급'한 거대 사업을 무리하게 추진한 결과다."

이에 국토해양부는 즉각 반박했다. 성남시가 연말까지 LH 측에 정산할 금액은 공동공공시설비 350억 원에 불과한데도 사실을 왜곡했다는 것이다. 특히 성남시의 판교특별회계에 700억 원의 잔액이 있는 만큼 지급유예를 선언할 이유가 없다는 것이다.

일반회계? 특별회계? 일반 사람들은 알아듣기 힘들기 때문에 이걸 먼저 짚고 넘어가자.

■ 일반회계 : 국가나 지방자치단체가 고유의 기능을 수행하기 위한 예산을 처리하는 회계

■ 특별회계 : 특정한 사업을 운영할 때, 특정한 자금을 보유하고 운용할 때, 특정한 세입으로 특정한 세출에 충당함으로써

일반의 세입세출과 구분하여 경리할 필요가 있을 때, 법률에
의해서 설치

쉽게 얘기하면 우리가 일반적으로 정부에서 세금을 걷어서
집행하는 예산은 일반회계. 판교신도시 건설처럼 특별한 특정
한 분야의 사업에 대하여 지속적이고 안정적인 자금지원이 필
요하거나 사업추진에 있어서 탄력적인 집행이 필요한 경우 예
산과 별도로 설치하는 것이 특별회계다.

판교신도시를 만들면서 성남시에서는 '판교특별회계'라는
적금통장을 만들었다. 이대엽 시장이 거기서 일반회계통장으
로 돈을 끌어다 썼다.

이재명 시장은 등원하면서 이를 '이건 빚이다. 이것을 우리
가 당장 갚아야 한다. 갚지 못하면 성남시는 부도가 난다. 하지
만 돈이 없으니 지급유예를 하고, 지방채를 발행해서 갚겠다.'
이렇게 얘기한 것이다.

이에 대해 국토부는 '우리는 정산을 얘기하거나 빚을 갚으
라고 하지도 않았다. 그리고 너희, 그거 빚도 아니다.'라고 반
박하고 있는 것이다.

즉, 채권자는 괜찮다는데, 채무자가 자기 마음대로 부도내고 돈 꿔서 갚겠다고 하는 형국인 것이다.

멀쩡한 도시, 그것도 대한민국에서 가장 부유하고 재정자립도가 높다고 하는 도시, 성남을 모라토리엄에 빠뜨리고 이재명이 택한 것은 자산 매각과 지방채 발행이었다. 빚을 내서 빚을 갚느라 매년 47억의 이자부담을 추가로 떠안게 되었다. 게다가 모라토리엄 선언 이후, 18개 사업을 중단하거나 최소화함으로써 이미 투입되었던 810억여 원이 사장되었다.

그러고서 다음 지방선거 직전인 2014년 1월. 모라토리엄 선언 3년 6개월 만에 부채를 모두 상환했다며 모라토리엄 종료를 선언했다. 웃기는 건, 모라토리엄을 졸업했는데 성남시의 채무는 2010년 90억에서 1,193억으로 13배 증가했고 부채는 825억에서 2,100억으로 2.5배 증가했다는 점이다. 돈 없다는 핑계로 돈을 빌려서 펑펑 쓴 것이다. 그리고 그렇게 펑펑 쓴 돈을 메우기 위해서 후임인 은수미 시장은 지방채를 추가로 발행해야 했다.

이재명은 성남시장 임기를 거짓말로 시작했다. 이 거짓말은 이재명을 단숨에 인기 정치인으로 급부상케 했으며, 다음 시장 선거 직전에도 강력한 무기로 활용되었다. 자신을 망한 도시를 살린 영웅으로 포장하기 위한 쇼를 통해 인기를 끌고, 상대진 영을 부패와 무능의 프레임에 가두는 전략을 쓴 것인데, 정무 적으로는 매우 훌륭하다 할 수 있겠으나 그래봐야 거짓말이다.

그리고 이 거짓말은 성남의 정치실종으로 이어졌다. 여야가 극한의 대립으로 치달았고, 그 피해는 고스란히 시민들에게 돌 아갔다.

모라토리엄이 끊어놓은 건 그뿐만이 아니었다. 이재명과 친 형 이재선과의 관계도 그때부터 끊어졌다.

이재선은 공인회계사였다. 이재명의 모라토리엄 선언의 거 짓을 쉽게 간파했다. 이재선의 주장에 따르면 이재명 임기 초, 모라토리엄 문제를 포함한 지자체 예산 운영과 인사 등용에 대해 지적했다고 한다. 이후 회계사 사무실로 협박 전화가 걸 려왔고, 어느 날은 사무실 앞에 '성사모'라는 단체명으로 현수 막이 걸렸는데, "팔순 노모에게 폭언과 폭행을 자행한 공인회 계사 이재선의 패륜적인 행동을 규탄한다"라는 내용이었다. 재선 씨는 노모 폭행 혐의로 유죄를 받은 적은 없다. 또 회계사 자격 논란을 따지는 유인물이 배포되기도 했다. 유인물에는 욕설·성남시의회 난입 등 기행이 적혀 있었다. 이후에는 정신병원에 강제입원 시키려고 했다는 것 등의 가정사는 잘 알려져 있다. 여기서 가정사는 웬만하면 다루지 않으려 한다.

거짓말로 인해 지역정치가 실종되고, 가족관계가 파탄 난 것이다. 하지만, 이 모든 것보다 중요한 것은 모라토리엄이 가져다주는 인기.

자신의 이익을 위해서라면 거짓말도 눈 하나 깜짝하지 않고 하는 인간.

자신의 이익을 위해서라면 주변인들이 다치더라도 눈 하나 깜짝 안 하는 인간.

자신의 이익을 위해서라면 공동체의 미래를 좀먹어도 눈 하나 깜짝 안 하는 인간.

모라토리엄을 사회심리학적 용어로 사용하며 지적, 육체적, 성적인 능력 면에서 사회인으로서 지불유예하고 있는 상태라 에릭 에릭슨(Erik Homburger Erikson)은 정의한다. 독립된 사회인으로 활동할 수 있음에도 불구하고 책임과 의무를 기피하는 것을 사회심리학에는 모라토리엄 증후군(Moratorium syndrome)이라 한다.

자신의 정치적 입지를 위해서 물불 가리지 않고, 시민의 세금을 볼모로 이런 거짓 쇼를 만드는 인간.

그게 잘못되었다는 것을 알 수 있는 충분한 지능이 있음에도 책임과 의무를 기피하는 인간.

이러한 정의에 의해 나는 이재명을 모라토리엄 형 인간이라 부른다.

유동규와 최윤길의 난[亂]

이재명이 취임과 동시에 모라토리엄을 선언하고 펼친 사업이 있다.

바로 이재명 관련 뉴스들에서 종종 등장하는 성남도시개발공사의 설립이다. 성남시는 위례 신도시와 대장동 개발을 효율적으로 추진하기 위해 공사의 설립이 필요하다며 2010년 8월 성남도시개발공사 설립 기본계획을 수립하고, 2011년 9~11월 공사 설립 타당성 조사 연구용역을 실시했다.

빚이 너무 많아서 모라토리엄을 선언한 직후에 50억의 설립자본금을 들여서 수천억짜리 대규모 개발사업들에 직접 뛰어들겠다고 하는 건, 애초에 모라토리엄이 허구였음을 입증한다. 게다가 공사의 설립은 시의회가 여야를 가리지 않고 반대해왔던 사안이었다. 전임 이대엽 시장시절에도 그렇고, 이재명 시장의 공사설립 시도에 대해 여야 할 것 없이 반대했다. 2011년 11월 181회 본회의에서 민주당 윤창근 시의원이 공사의 설립에 대해 "제대로 된 책임자 하나 없는 졸속 연구용역을 바탕으로 해서 도시개발공사를 우선 설립하고 부족한 것은 채워 나가자 이런 것은 아주 위험한 도박일 뿐"이라고 발언할 정도였다.

그러거나 말거나 이재명은 성남도시개발공사 설립에 박차를 가했다.

우선, 성남시설관리공단을 장악해 성남도시개발공사로 전환시켜야 했다. 성남시 산하기관 중 가장 규모가 큰 기관으로 이름 그대로 성남의 공공시설물을 관리하는 업무를 진행하는 기관이었다.

이를 위해 취임 두 달 만에 이대엽 시장이 임명한 신현갑 전 성남시설관리공단 이사장과 사업본부장에 대한 감사를 진행해 '방만한 경영'을 이유로 해임했다. 그리고 그 자리에 '행동대장' 유동규를 성남도시개발공사의 전신인 성남시설관리공단의 이사장 직무대행 겸 기획본부장에 임명했다.

유동규의 직무대행 임명부터 문제가 있었다. 일단 자격이 없었다. 시설관리공단의 임원 인사규정 시행세칙 그 어디에도 해당하지 않기 때문이었다.

==

성남시의회 제173회 도시건설위원회 제3차(2010.10.18.) 회의록

김재노 : 임원 인사규정 시행세칙에 보면 4조가 있네요. 임명 자격기준. 첫째, "공무원5급 이상으로 5년 이상 경력 소지자"에 해당 사항 됩니까?

유동규 : 안 됩니다.

김재노 : 두 번째, "정부 투자기관이나 이에 상응하다고 인정되는 기관의 동일 직급에서 5년 이상 경력 소지자"에 해당해요?

유동규 : 안 됩니다.

김재노 : 3번, "공단에서 3급으로 5년 이상 근무한 자로서 근무
성적이 우수한 자"에 해당 사항 돼요?

유동규 : 아닙니다.

김재노 : "상법상 법인사업체 이사급 이상으로 3년 이상 근무
한 자로서 석사 이상의 학위취득자"에도 해당이 안 되
지요?

유동규 : 예, 그렇습니다.

(중략)

김재노 : 그러니까 5조에 보면 "기타 임명권자가 특별한 사유
가 있다고 인정한 자"여기에 해당하는 것 아닙니까?

유동규 : 예.
==

임명권자는 말하지 않아도 알겠지만 이재명이다. 과연 그를 임명했어야 할 '특별한 사유'라는 것이 무엇인지는 아직도 미스터리다. 참고로 유동규를 추천한 임원 추천위원회의 위원장은 이한주. 이한주는 〈2부〉의 '거짓말의 거짓말'에 등장하는 2009년 제1회 '공공주택 리모델링' 활성화 정책 세미를 주도한 성남 정책연구원의 상임대표였고, 이재명의 2010년 성남시장 인수위에도 이름을 올렸으며, 이재명이 경기도지사가 되었을 때 경기연구원 원장으로도 일했던 사람이다. 이재명 대선 캠프에서도 정책본부장으로 활동하다가 부동산 과다 보유 논란이 일자 사임한 바 있다.

이러한 자격논란에도 불구하고 유동규는 2010년 10월, 성남시설관리공단에 들어가 본격적인 작업에 들어갔다. 직권으로 다양한 태스크 포스(TF)를 만들어 운영하는 방식이었다. 우선, 11월 '경영기획 TF'를 만들고 이사장의 고유권한인 직원 인사권을 기획본부장 전결로 바꾸었다. 인사권을 장악한 유동규는 이듬해 '시설관리 TF'를 만드는데, 이때 공단의 업무 중 하나로 '신규사업 인수준비(개발사업분야)'를 추가한다. 시설관리공단의 기존 사업은 '수탁시설물 관리', '시설물 유지관리 지도 및 조언', '분야별 시설물 매뉴얼 관리 및 제작', '시설물 유지관리 프로세스 개선 및 추진'이었는데, 여기에 개발사업을 끼워 넣은 것이다. 도시개발공사의 설립과 대장동 개발을 염두에 둔 포석이었다. 그리고 이는 모두 이재명이 승인한 사안들이다.

'기술지원 TF'로 이름을 바꾼 '시설관리 TF'는 2011년 6월 21일 인력 채용을 공고하면서 '토목건축 분야' 근무를 자격 조건으로 제시했는데, **TF를 이끌 단장으로 건설사 현장소장 출신인 유한기가 채용된다. 황무성 전 성남도시개발공사 이사장을 압박해 사표를 받아낸 그 유한기이다.**

시설관리공단을 장악한 유동규는 안하무인이었다. 2011년과 2013년, 두 차례 감사원의 감사를 받기도 했고, 인사를 비판했다는 이유로 직원 12명을 해고했다. 직원들은 공단 내 인사 · 징계권의 남용, 임원의 부도덕성으로 인한 공단 이미지 실추, 직원 신규 채용 시 비리 및 특혜 채용 등의 문제가 있다고 주장하며 '상식이 통하는 공단'을 좌우명으로 2012년 2월 8일 '상통노조'를 결성하기도 했는데, 이들 중 하나는 언론사 독자 기고란에 유동규가 공단 직원을 채용하면서 8급 주차관리원 채용에 1인당 5백에서 천만을 땅기고, 7급 직원은 1인당 3천 수준, 5~6급은 5천에서 7천을 땅겼다"라고 주장했다.

유동규가 장악한 성남시설관리공단에 이사장은 그저 '바지'에 불과했다. 2011년 2월 이재명 성남시장 인수위 출신의 염동준 전 시의회 의장이 시설관리공단 이사장으로 임명되었음에도 유동규는 인사권을 휘둘렀고, 염동준 이사장은 "내부 조직 관리에 미숙한 점이 사실 있다"라며 임기를 채우지 못하고 2012년 6월 퇴임했다.[18] 임기를 마치지 못하고 압박에 못 이겨 퇴임한 황무성 전 성남도시개발공사 이사장이 오버랩 되는 장면이다.

참고로 염동준의 후임으로는 이상락 전 국회의원(?)[19]이 임명되었다. 이상락은 성남에서 시의원과 도의원을 거쳐 제17대 국회의원 선거에 열린우리당 후보로 성남시 중원구에 출마해 당선된 인물이다. 하지만 국회의원에 출마하면서 학력을 '주산산업고등학교 졸업'으로 기재했는데, 이상락은 사실 초등학교 졸업자였다. 상대 후보들이 방송토론회에서 이를 추궁하자 이상락은 위조된 주산고 졸업증명서를 꺼내어 보여주기에 이르

---

18 그렇다고 아예 축출된 것은 아니고, 곧바로 성남시 새마을회장에 취임했다.

19 당선 6개월 만에 당선무효형이 확정되어서 전 국회의원이라 부르기가 다소 민망하다.

는데, 결국 공직선거법 위반으로 당선무효형에 해당하는 징역 1년 형이 확정되었다.[20]

이상락은 이후 2012년 제19대 국회의원 선거에 성남시 중원구에 민주당 예비후보로 출마했다가 돌연 사퇴하고 김미희를 지지 선언했는데, 김미희가 당선된 지 1개월 만에 성남시설관리공단의 이사장에 부임하게 된 것이다. 성남시장 단일후보를 민주당에 양보한 경기동부와, 경기동부에 국회의원 단일후보를 양보한 민주당. 양보를 서로 주고받은 당사자들은 그렇게 모두 열매를 따 먹었다.

유동규가 시설관리공단을 작업하는 동안 시의회에서는 다른 작전이 은밀하게 펼쳐지고 있었다.

바로 성남시의회 '최윤길의 난'이다.

앞서 언급한 것과 같이 성남도시개발공사에 대해 여야 모두

---

20 이상락은 1991년 지방선거 시의원 선거와 1995년 제1회 전국동시지방선거, 1998년 제2회 전국동시지방선거, 2002년 제3회 전국동시지방선거의 도의원에 출마해 당선되었는데 이 모든 선거에서 위조된 학력을 사용했던 것으로 드러났다.

부정적으로 평가하고 있었다. 게다가 안하무인으로 행동하는 유동규와 시설관리공단의 행태는 행정감사와 지역 언론에서 늘 표적이 되어왔다.

기류가 변한 것은 최윤길 당시 성남시의회 의장이 나서면서였다. 민선 6기 성남시의회는 새누리당 의원 19명, 민주통합당 의원 15명 등 총 34명의 의원으로 구성돼 있었다. 후반기 시의회 의장직을 노리던 최윤길은 당내 의장 경선에서 박권종 의원에게 밀렸다. 최윤길은 이에 불복, 의장선거에 입후보해 민주통합당 의원들의 지지에 힘입어 의장에 오르게 된다.

의장직에 오른 최윤길은 새누리당을 탈당했고, 2013년 2월 192회 임시회 제2차 본회의에서 공사설립 조례안 가결을 이끌었다. '공사설립 반대'를 당론으로 채택하던 새누리당 의원들이 표결에 참석하지 않은 가운데 참석 의원 18명 중 17명의 찬성과 1명의 기권으로 성사되었는데, 여기에 특이점이 두 가지 있다. 일단, 반대의견을 펼치던 민주당 의원들이 모두 찬성에 몰표를 던졌다는 점. 이건 그럴 수 있다고 치더라도 민주당 의원 15명 외에 새누리당 소속인 강한구, 권락용 의원이 굳이 표결에 참석해서 찬성표를 던졌다는 점이다. 이로 인해 당론을 어겼다는 이유로 각각 제명과 경고조치를 받았는데, 민주통합당으로 당적을 옮겨 의원 활동을 이어 나갔다.

최윤길, 강한구, 권락용은 모두 대장동 관련해서 수사선상에 올라와 있는 인물들이다. 앞서 공사설립 반대의견을 펼친 민주당 윤창근 전 시의원도 마찬가지. 특히, 최윤길은 화천대유에 부회장으로 취업하며 연봉 1억 원에 수억 원의 성과급 지급계약까지 맺은 사실이 알려졌다. 2015년 2월 6일, 최윤길은 내가 상임위에서 대장동 개발과 관련해 사업자로부터 뇌물을 수수한 혐의를 지적하자 명예훼손으로 고소한 바가 있는데, '몰염치'라는 건 이런 걸 두고 하는 말이 아닌가 싶다.[21]

시설관리공단과 시의회까지 장악한 이재명은 더 이상 거칠 것이 없었다. 성남도시개발공사를 설립하고 성남시설관리공단을 흡수했으며 이사장 자리에는 동부건설 대표이사와 한신공영 사장을 역임한 황무성을 데려와 앉혔다. 황무성은 유한기

---

21 참고로 최윤길은 2014년 제6회 전국동시지방선거에서 이재명 캠프의 공동선대위원장을 맡고, 당선 이후에는 성남시 체육회 상임부회장직에 올랐다. 이때 비상근직이면서 지출 증빙 없이 수천만 원의 업무추진비를 사용해 시의회의 질타를 받기도 했다.

가 추천한 인물로 둘은 한신공영에서 같이 일을 했던 관계였다.

성남도시개발공사는 이렇게 수많은 음모와 배신 속에서 탄생했다.

그렇다면 이재명이 이렇게까지 해서 성남도시개발공사 설립을 추진해야만 했던 이유는 무엇이었을까?

성남시의회
전, 현직 의원, 명예훼손으로 날선 공방

최윤길 전 의장과 이기인 시의원 주장 엇갈려 법적판결 불가피 할 듯

권영헌 기자 ✉ | 입력 : 2015/09/15 [16:45]

최윤길 의장의 이기인 의원 명예훼손 고소 기사

대장동에 뿌려진 씨앗

대장동大壯洞.

　성남시 분당구 판교신도시 남쪽에 있는 작은 마을, 대장동은 오래전부터 '분당의 마지막 노른자위 땅'으로 평가받았다. 이 때문에 2004년까지만 해도 100여 세대가 살던 이 작은 마을을 두고 개발의 필요성에 대한 논의가 계속되어왔다. 이에 이대엽 당시 성남시장은 당시 대한주택공사(현 한국토지주택공사·LH)와 함께 대장동 일대 128만㎡를 미국의 '베벌리 힐스'와 같은 고급 주택단지로 개발한다는 계획을 세웠다. 하지만 2005년 9월부터 설계 도면이 사전에 유출되었고, 대장동 일대가 투기장으로 변질될 만큼 비리의 온상이 될 조짐이 보이자 사업을 더 이상 추진하기 어려울 지경에 이르렀다. 결국, 첫 대장동 개발 시도는 삽도 떠보지 못하고 부산되었다.

성남시가 포기한 사업에 한국토지공사가 다시 뛰어들었다. 2008년 12월 30일에는 성남시에 대장지구를 도시개발구역으로 지정해달라고 제안했고, 이듬해인 3월 30일에는 처음 시정 제안서를 공식 제출했다. 성남시가 이를 '개발 타당성 용역 연구'가 진행 중이라며 반려하자 7월 29일에 한 차례 더 지정 제안서를 제출했다. 성남시는 제안을 받아들여 같은 해 10월 5일부터 10월 19일 사이 주민들의 의견을 듣는 공람 절차를 갖기로 했다. 그리고 그사이에 한국토지공사는 대한주택공사와 합병해 오늘날의 한국토지주택공사, LH가 되었다.

"통합된 회사(LH)는 민간 회사와 경쟁할 필요가 없습니다. 민간 기업이 이익이 나지 않아 하지 않겠다는 분야를 보완해야 합니다."

2009년 10월 7일 한국토지주택공사(LH) 통합 출범식에서 이명박 대통령이 한 말이다. LH는 가급적 민간에서 수익을 낼 수 있는 사업에서 손을 떼고, 민간에 맡기라는 것이다. 대장동에 대입시켜보면, 대장동은 민간에 맡겼을 때 수익성이 높은 사업이니, LH 주도의 공영개발이 아닌 민영 개발로 추진하라는 것으로 풀이될 수 있다.

이명박 대통령의 발언 2주 후인 2009년 10월 20일, 당시 여당인 한나라당 국회의원 신영수[22]는 국회 국토해양위원회의 LH 국정감사에 출석해 위 발언을 언급하며 당시 LH 사장 이지송에게 대장동 개발을 민영 개발로 전환할 것을 촉구했다. 이듬해 1~2월, 신영수의 특별보좌관이던 동생 신동수는 분당 지역 부동산 개발업자인 '씨세븐'이강길 대표로부터 LH공사가 대장동 사업추진을 포기할 수 있도록 힘써 달라며 1억 5천만 원이 든 쇼핑백을 제3자를 통해 전달받았다. 신영수는 이지송을 직접 찾아가는 등의 지속적인 압박을 가했다. LH는 결국, 2010년 6월 28일 민간과 경쟁하는 부분은 폐지하겠다고 밝히고, 진행 중이던 개발사업 414개 중 138개 사업을 철회했는데, 여기에는 대장동 사업도 포함됐다. 그리고 사업 철회 직후 신동수는 이강길로부터 감사 인사 대가로 5,000만 원을 추가로

---

22 성남시 수정구에서 제18대 국회의원 선거를 통해 당시 현역인 통합민주당 김태년 국회의원을 단 129표 차이로 꺾고 국회에 입성했다.

전달받았다.[23]

대장동 개발사업이 토건족의 비리로 좌초된 두 번째 사건이다.

공영개발을 원하는 주민은 거의 없다. 이유는 단순하다. 민간개발을 하게 되면 먹을 게 많아지고, 공영개발을 하면 먹을 게 많이 없기 때문이다. 원주민들 처지에서 공영개발을 하면 인허가 과정이 훨씬 수월하고 사업이 빨리 진행된다는 장점이 있지만, 민간개발보다 저렴한 가격에 토지가 강제수용되는 단점이 있다. 민간개발을 하게 되면 공영개발과는 달리 사업자가 원주민의 토지를 일일이 매입해야하기 때문에 토지 매입 과정이 오래 걸릴 수 있지만 높은 가격에 토지를 판매할 수 있다. '하이 리스크 하이 리턴(High Risk High Return)'이냐, '로우 리스크 로우 리턴(Low Risk Low Return)'이냐의 차이지만 원주민들 처지에서는 공영개발은 쪽박, 민간개발은 대박이라는 인식이 강하다. 대장동 원주민들도 이와 같은 이유 로 LH와 성남시의 공영개발 시도에 적극 반대의사를 밝혔다.

---

23 신동수는 1심에서 징역 1년 6개월에 집행유예 3년, 120시간의 사회봉사, 추징금 5천만 원을 선고받았고 대법원까지 모두 유죄 확정됐다

정리해보자면

■ 민영개발 : 시간이 걸릴 수 있지만, 로또가 될 가능성이 있음

■ 공영개발 : 빠르게 진행되지만, 나눠먹을 것이 줄어듦

선거가 다가오면 거의 모든 후보들이 민영개발을 공약으로 내거는 이유도 여기에 있다. 웬만한 정치인들은 민영개발이 돈과 표를 동시에 안겨줄 수 있다는 것을 잘 알고 있기 때문이다.

대장동을 비롯한 성남의 모든 도시개발을 민영개발 우선과 성남시 주도.
- 대장동 도시개발 민간참여 기회확대로 명품도시로

성남의 모든 재개발과 재건축을 전면 재검토.
- 법이 허용하는 범위에서 검토하고 주민의 동의 하에 추진

♡ 0   ⋯ 1

이재명

선택의 기로에서 변화하지 말아야 한다. 삶에 향기가 나는 사람이 되자!!!

아직 LH가 공영개발을 포기하지 않은 2010년 5월, 이재명

은 대장동을 포함한 모든 도시개발을 민영개발 우선으로 하겠다는 공약을 발표했다. 대장동 지주들이 속한 대장동 도시개발 추진위원회 위원들을 여러 차례 만났고, 추진위원들이 시청 앞에서 시위할 때 찾아와 격려도 했다. 당시 민주당에서는 이명박 정권과 한나라당을 토건 세력, 혹은 토건 마피아라며 몰아세우곤 했는데, 오히려 이재명이 이명박의 민영개발을 카드로 들고나온 것이다.

'민주당 후보가 왜?'라고 생각하면 뜬금없을 수 있지만, 부동산 개발의 욕구를 자극해 주민들과 용역깡패들을 조직화해온 이재명에게는 어쩌면 너무나 당연한 일인지도 모른다. '대장동을 비롯한 성남의 모든 도시개발을 민영개발 우선'으로 하겠다는 공약은 개발예정지 주민들에게 대박을 안겨드리겠다는 말이나 다름없기 때문이다.

대장동 대박을 약속한 이재명이 당선되고 얼마 지나지 않아 LH는 대장동 공영개발을 포기했다. 민영개발의 길이 열린 것이다.

하지만 이재명은 애초에 대장동을 민간에 맡겨둘 생각이

없었다. 당선과 동시에 곧바로 시의 지방채 발행을 통한 공영개발을 선언해버린 것이다. 그러면서 2011년 559억 원, 2012년 2,748억 원, 2013년 4,663억 원, 2014년 2,383억 원 등 4년간 1조 353억 원의 지방채를 발행하는 내용을 담은 '2011~2015년 중기지방재정계획안'을 시의회에 제출했다. 그리고 이를 주도할 기관으로 성남도시개발공사의 설립을 추진했다.

모라토리엄 선언과 민영개발 추진공약은 정치적 쇼였을 뿐, 애초에 대장동은 성남도시개발공사를 통해 민관합동 개발방식으로 추진하겠다는 설계 있었던 거다. 2005년부터 2010년까지 두 번이나 사업이 무산되었고, 그 과정에서 다수의 정치권 인사들이 구속·수감 된 대장동 개발사업을 둘러싼 정치권과 부동산 꾼들의 전쟁은 이제 시작에 불과했다.

요 旨

대장동·1공단 결합 도시개발사업 타당성
및 구역지정 용역 중간보고회 결과보고

□ 용역 보고회 개요
【중간보고회】
○ 일 시 : 2013. 11. 5(화). 10:00 ~ 11:40
○ 장 소 : 시청 산성누리실(3층)
○ 참석자 : 성남시장 외 29명
【중간보고회】
○ 일 시 : 2013. 11. 6(수). 18:00 ~ 19:00
○ 장 소 : 도시건설위원회실(의회동 5층)
○ 참석자 : 도시건설위원회 7명

□ 보고회 건의 사항 및 조치계획
○ 기반시설(버스차고지) 후기 배치
  ☞ 소규모 회차 가능(차고지)을 갖추도록 검토 하겠음
○ 용인시 외 기타 수도권 지역의 미분양 사례를 반영하여 주택공급계획 검토
  ☞ 대상지 입지적 측면 및 현재 부동산 시장의 흐름을 감안 할 때
    중소형 규모 주택공급이 타당함
○ 민자사업 실패사유로는 수요과다추정에 있음에 주변여건을 파악한 수요추정 필요
  ☞ 주변지역 및 부동산시장분석결과 저가 분양(평당 1,100~1,200만원)의
    중소형 규모 주택공급이 타당함
○ 수용 · 사용방식은 주민들의 절대반대 예상, 주민들이 원하는 사업방식 검토필요
  ☞ 현재 결합개발 방식은 수용 · 사용방식으로 밖에 할 수 없으며, SPC
    구성 후 사업시행 시 사업의 효과에 변동이 없으면 사업시행자가
    시행방식을 변경할 수 있음
○ 현재 책정된 1.5~1.8배의 보상가는 낮게 책정되어 있는 것 같으며,
  현 실정에 맞는 현실적인 토지보상금을 책정할 것
  ☞ 토지보상가 상승을 예상한 민감도분석을 통하여 사업성을 분석하였으며,
    정확한 토지보상가는 감정평가를 통하여 보상이 시행됨
○ SPC를 설립하여 사업추진하는 방향은 매우 위험하므로 LH 등 공기업에
  위탁하는 사업방식 고려
  ☞ 최근 공기업 경영난(LH공사 부채 142조원)으로 사업 참여가 불투명
  ☞ 민간의 전문성 및 재원조달 능력을 활용, 공공과 민간의 역할 분장으로
    추진 할 수 있는 성남도시공사에서 SPC 출자 방식으로 추진 할 계획임

□ 향후 추진계획
○ 2013. 12 : 대장동 · 1공단 결합 도시개발구역 지정에 따른 공람 · 공고
  (기존 구역지정 및 개발계획 해제 포함)
○ 2014. 1. : 대장동 · 1공단 결합 도시개발구역 지정
○ 2014. 3. ~ 2019. 3. : 실시계획인가 및 결합 도시개발사업 추진
  (성남 도시개발공사 추진)

도시개발사업단

대장동 개발사업 타당성 및 구역지정 용역 중간보고회 시 성남시의회의
LH 공기업 위탁 제안 증거 공문

성난 시민

이기인
1시간 · 🌐

<찾았습니다. 이재명 시장이 시의회의 대장동 LH 공공개발 제안을 걷어찬 결재문서>

참..보이지도 않는 깊숙한 곳에 숨어있었더군요. 2013년 11월, 대장동 결합개발의 타당성을 가늠하는 용역 보고회에서 여.야 시의원들은 'SPC와 같은 민관 합동 개발방식은 위험하니, LH 등에 맡겨라' 라고 공식 제안했습니다.

그러나 이재명 집행부는 'LH는 적자 규모가 크고 성남시가 계획하고 있는 개발컨셉의 유지가 어려울 것'이라며 의회의 토지주택공사 위탁 공공개발 제안을 거절합니다. 거기에 덧붙이는 의견도 눈에 띕니다. '민간의 전문성 및 재원조달 능력을 활용... 성남도시공사 SPC 출자 사업방식으로 진행할 계획'

이 때부터 이재명과 유동규는 민간업자들과의 콜라보레이션을 계획하고 있었을 겁니다. 만약 제3의 공기관에 공영개발을 위탁했다면, 화천대유와 남욱, 유동규가 설 자리도 없었겠지요. LH 식 공공개발을 반대한 건 이재명 시장 본인이 맞습니다.

조금 늦더라도 이재명의 입으로 왜곡한 진실들을 하나하나 찾아 바로잡겠습니다.

탁란 托卵

상호저축은행. 상호저축은행법에 근거하여 설립된 2금융권의 여·수신을 담당하며 서민과 중소기업의 금융 편의를 도모하는 것을 목적으로 하는 단체다. 하지만, 1997년 IMF 사태가 터지고, 금융시장 구조가 재편되면서 저축은행은 지역 서민금융기관의 역할이 줄어들고 부동산 PF 대출과 같은 고위험 자산 투자를 확대했다.

그리고 이러한 고위험 자산투자를 통해 대한민국에서 가장 큰 상호저축은행으로 성장했던 게 부산저축은행이었다. 부산저축은행은 120여 개나 되는 특수목적법인(SPC)[24]들을 설립하고 이들에 어마어마한 돈을 불법적으로 대출해주었는데, 대장동 프로젝트에도 이 불법 대출 금액이 흘러 들어갔다.

LH가 대장동에 공영개발을 추진 중이던 2009년. 대장동 부지의 약 70.58%(전체 필지 904개 중 638개)가 지주 작업에 나선 시행사 씨세븐, 대장프로젝트금융투자, 나인하우스 등 3곳에 넘어가 있었다.

여기서 주목해봐야 할 곳은 씨세븐. 씨세븐의 이강길 대표는 대장동 사업을 검토하던 2008년 부동산 개발 분야에서 일명 '마에스트로'로 알려진 정영학 회계사를 만나 함께 일하기 시작했다. 정영학은 1991년 국내 최초 단독주택 재건축 사업인 '수유리 프로젝트', 2003년 용산 파크타워 사업 등에 참여했고 〈임대주택사업 무엇이든 물어보세요.〉라는 책을 출간하기도 했다.

---

24 특수목적법인(SPC, Special Purpose Company). '특별한 목적을 수행'하기 위해 '일시적'으로 만들어지는 임시 회사. 상법상 별도의 회사형태가 있는 것이 아니라 법적인 형식은 일반회사와 다를 바 없되, 그 법인의 설립목적과 운영목적이 특수한 경우를 말한다. 하나의 프로젝트를 위한 임시적인 회사인 경우이므로 회사는 형식만 있는 페이퍼컴퍼니(유령회사)인 경우가 흔하다.

2009년 정영학은 이강길에게 돈을 끌어다 줄 사람을 한 사람 소개해주는데, 바로 부산저축은행 박연호 전 회장의 사촌 처남 조우형이었다. 조우형은 '더뮤지엄양지'라는 부산저축은행의 차명회사를 운영하면서 용인의 고급 주택단지인 '발트하우스' 등의 개발사업을 진행하며 부산저축은행으로부터 수백억대의 불법대출을 받았다. 이강길과 정영학은 조우형을 자문으로 삼고, 더뮤지엄양지에 프로젝트 매니지먼트 업무 대행 명목으로 10억 3,000만 원의 용역비를 지급했다. 사실, 이 10억 3천만 원은 부산저축은행으로부터 불법대출을 받을 수 있게 해달라는 로비의 일환이었다.[25]

조우형은 로비를 통해 부산저축은행 자금 1,155억 원을 끌어왔고, 이강길과 정영학은 이 돈으로 지주작업(땅주인을 설득해 매매계약·동의를 받아내는 과정)**과 전방위적인 로비에 나섰다. 그리고 2009년 12월 초에 한나라당 중앙청년 부위원장 출신으로 국회 국토위원회 보좌관들과 친분이 있었던 변호사 남욱을 소개받았다. 당시 LH의 공영개발을 저지하기 위한 민원을 계속 넣어야 하는 상황의 조우형에게는 남욱 같은 사**

---

25 조우형은 이 혐의로 2015년 수원지검 수사를 받은 뒤 기소돼 징역 2년 6월을 선고받았다.

람이 꼭 필요했다.

남욱은 바로 공사에 들어갔다. 일단 LH의 공영개발을 저지하기 위한 로비자금이 필요하다며 이강길로부터 2009년 12월부터 2010년 5월 사이에 네 차례에 걸쳐 8억 3천만 원을 송금받았다. 남욱은 이 가운데 3억 원은 변호사 비용이고, 나머지 5억 3천만 원은 PF 대출금으로 용도에 제한이 있어 자금조성에 협조했다고 밝혔는데, 이건 변호사법을 위반해 이강길의 횡령을 도운 자금세탁이다.[26]

이 사건으로 남욱은 변호사법 및 범죄수익은닉규제법 위반으로 구속기소 되었다. 남욱은 이에 화려한 변호인단을 꾸리는데, 최근까지 딸이 화천대유 직원으로 일하고 본인은 고문으로 재직했던 박영수 국정농단의혹사건 특별검사(전 대검 중수부장)와 2천여만 원을 내고 282억 원을 배당받았다는 천화동인 6호 소유주 조현성 변호사(이상 법무법인 강남), 대검 공안기획관 출신 이영만 변호사(법무법인 평안), 서울고법 판사 출신인 정헌명(법무법인 광장) 변호사 등 변호사 15명이 이름을 올

---

26   남욱은 이걸 '받았다가 돌려준 것'이라고 표현하면 자신의 무죄를 주장한다.

렸다. 이들은 남욱을 증거불충분으로 무죄판결을 받아냈다.

남욱의 설계는 여기에 그치지 않았다. 이강길의 주장에 따르면 2010년 중반 이후부터 원래 대장동 사업의 몸통이었던 자신을 배제시키기 시작했다. 토지를 상당수 확보하고 공공기여 방안을 추가해도 성남시에서 인허가를 내주지 않다 보니 이강길이 먼저 민관 공동개발을 하자는 제안도 해보았는데도 성남이 움직이지 않았다. 이에 대출을 해 준 은행권과 토지주들이 모여 구성한 추진위원회의에서 대표를 이강길이 아닌 남욱이 해야 진행이 된다고 했고, 이강길은 울며 겨자 먹기로 자신의 사업권을 2011년 3월 함께 일하던 삼성물산 출신의 김용철 씨에게 사업권을 양도했다. 하지만 김용철도 4개월만인 2011년 7월 사업권을 남욱에게 넘겼다. 이때, 남욱은 저축은행 11곳이 초기 대장동 개발 사업에 투입한 대출금 1,805억 원에 대한 연대보증 채무를 인수했다.

뻐꾸기가 탁란(托卵)에 성공하듯 남욱은 20여 개월 만에 대장동 사업의 몸통이 되었다.

하지만 몸통이 되어봐야 빛 좋은 개살구였다. 민영 개발에

156

올인하여 대장동 개발을 추진하고 있었는데, 이재명이 취임하자마자 공영개발을 선언했고, **2011년 저축은행 사태가 터지면서 저축은행 대출금 상환의 압박이 커졌다. 부산저축은행 피해자들의 피눈물 묻은 돈이 대장동이라는 마을의 땅에 물려있는 것이다.** 남욱은 어떻게든 이 사태를 타개해야 했다. 그러기 위해서는 민간개발을 한다고 했다가 공영개발로 말을 바꾸며 자신의 뒤통수를 친 이재명과 손을 잡는 수밖에 없었다.

원팀One Team

    남욱이 탁란 이후, 돈이 물려서 고생하고 있을 무렵, 이재명도 대장동과 관련해 나름의 고민이 있었다. 공공개발을 하겠다고 실컷 떠들고 그걸 위해서 지방채 발행과 도시개발공사 설립에 나섰는데, 의회에서 막혀버린 것이다. 민간개발도 막히고, 공공개발도 막힌 상황에서 이재명과 남욱이 합의점을 찾을 수 있는 공통분모는 민관합동 개발이었다.

    민관합동 개발은 앞서 언급한 것처럼 시에서 땅을 수용함으로써 헐값에 빠르게 매입하고, 민간과 함께 개발해 이익을 공유할 수 있는 방식이다. 남욱의 입장에서는 대장동 땅에 묶여 있는 돈 문제를 한 번에 해결할 수 있고, 이재명은 빠르게 치적을 쌓을 수 있는 방식인 것이다. 그리고 막대한 개발이익을 나눌 수 있다. 하지만 민관합동 개발도 의회의 승인과 협조가 필요했다. 이 문제를 해결해줄 한 남자가 등장하는데, 그가 바로 김만배다.

김만배는 성균관대학교 84학번으로 입학해 한국일보, 일간스포츠, 뉴시스를 거쳐 머니투데이 법조팀장을 거쳐 부국장에 오른 인물이다. 경제지 법조기자답게 법조인, 정치인들과 연줄이 많이 닿아있었다. 남욱은 이재명 설득의 카드로 김만배를 영입했다. 어차피 민간개발은 물 건너간 상황에서 방법은 민관합동 개발이었다. 김만배는 2011년과 2012년 이광재 전 의원, 김태년 의원, 이화영 전 의원과 친분이 있다며 본인이 이들을 통해 이재명을 직접 설득하겠다고 했다.

2012년 제19대 국회의원 선거를 앞둔 시점이었기에, 작업에 들어갔는데 세 사람 중 이화영을 엮어내는 데 성공했다. 2012년 모 종교단체를 후원하며 이화영에게 몰표를 주게끔 했고, 이화영의 선거운동원들에게 밥을 사는 등 물심양면으로 도와준 것이다. 이화영은 '이해찬의 사람'이라는 평가를 받는 인물로 이화영을 엮는다는 것은 바로 이해찬을 엮는다는 것이었다. 정동영 이후 중앙당에 연결할 끈이 없었던 변방의 이재명에게 정치적 아버지가 생긴 것과 다르지 않았다.

하지만 이재명 입장에서 그 정도만 가지고는 부족했다. 이화영이 이재명과 아직 인연이 깊지 않은 상황에서 김만배를 신뢰하고 같이 일을 도모할 수는 없는 것이었다. 이재명 본인에게 실질적으로 도움을 주는 모습을 보여줘야 했다.

2012년, 김만배는 검찰의 통합진보당 RO 사건을 수사한다는 사실을 확인했다. RO 사건은 이석기를 필두로 한 경기동부연합이 RO(Revolutionary Organization, 혁명조직)을 만들어 내란을 일으키려 했던 사건이다. 그리고 그 수사 대상에는 이재명도 이름을 올렸다. 이재명이 경기동부연합 이석기의 '나눔환경'에 준 특혜 때문이다. 2012년 4월 27일, 통진당 총선평가 토론회에서 당시 민주노총 민주일반연맹 위원장 이미숙은 "선거 기간에는 당 이미지 때문에 이런 말을 자제했지만 소위 사회적 기업을 성남에서 김미희 시장 후보가 받았다"라면서 **"김 후보는 부인했지만 이 같은 사실은 제가 이 시장(이재명)에게서 직접 들은 것"**이라고 말했다. 이재명이 운동권 출신도 아니기에 혁명조직원이라는 생각은 들지 않지만, 거래관계에 있었던 것은 분명해 보인다.

김만배는 이재명이 수사대상에 오른 것을 확인하고 이를 무마시켜주었다고 한다. 당시의 분위기를 보면 수사대상이라고 언론에 이름만 올라도 정치적으로는 심대한 타격을 입었을 수 있다. 2012년 8월 18일 남욱과 정영학의 통화 녹취록에 의하면 김만배는 당시 RO 사건 수사를 지휘한 김수남과 정말 친하고 겁찰을 붙잡고 있다고 하는 내용이 등장한다.[27] 유동규에 의하면 김만배는 이 사건으로 이재명의 신뢰를 얻을 수 있었다고 한다.

신뢰관계가 형성된 남욱-정영학-김만배 일당과 이재명-정진상-유동규-김용 일당은 원팀One Team이 되어 다음 작업 즉, **시의회 장악**에 나섰다. 김만배가 성균관대학교 동문인 민주통합당 윤창근 대표 시의원에게 최윤길의 의장 선출을 도와달라고 부탁했고, 김용이 시의회 내에서 행동대장을 맡아 '최윤길의 난'이 성공적으로 이루어졌다. 최윤길은 당선과 함께 다수당이 된 민주당 시의회는 성남도시개발공사 설립 조례안을

---

27 김수남은 퇴직 후, 화천대유의 고문으로 참여했으며 50억 클럽'에도 이름을 올렸다.

2013년 2월에 통과시켰다. **남욱과 정영학 녹취록에 의하면 "이 모든 각을 유동규, 이재명, 최윤길, 세 사람이 처음부터 각본 짜서 진행한 것이다."라고 나온다.** 그리고 이 작업에는 김만배 일당의 자금이 들어갔다. 남욱과 정영학의 녹취록에 의하면 김만배는 최윤길이 이 사건으로 검찰의 수사를 받게 되자 윤갑근 전 검사장과 김수남 전 검찰총장에게 로비를 펼쳐 수사를 무마시키는 깔끔한 뒤처리 능력도 보여주었다.

시설관리공단 장악 → 시의회 장악 → 도시개발공사 설립 및 민관합동 개발 결정까지 모든 작업이 일사천리로 착착 진행되었다.

그리고 이 모든 작업이 완료된 시점인 2013년, 이들은 이재명 재선 프로젝트에 본격적으로 나섰다.

성난 시민

예행연습

"부동산 개발 사업을 계속하려면 내년 지방선거에서 이재명 시장의 재선再選이 중요하다. 민간사업자의 이익을 극대화하면서 동시에 이재명 시장 재선에 도움이 되도록 해야 한다."

"우리는 죽을 때까지 한 몸이다. 내년 선거에서 이재명 시장을 어떻게 당선시킬 것인지에 포커스를 맞춰야 한다."

유동규가 남욱에게 한 말이다. 이재명이 재선에 실패하면 앞선 모든 노력이 물거품이 될 수 있기에 너무나도 당연한 소리였을 것이다.

우선, 총알(돈)이 필요했다.

이들의 눈이 향한 곳은 성남시에서 한때 포기했었던 위례신도시 개발사업이었다.

성남시는 2013년 5월 위례신도시 개발사업을 포기한다는 보도자료를 냈다. 두 달 뒤, 이재명도 성남시의회 본회의에 출석해 '의회가 반대하므로 성남시는 더는 위례신도시 사업을 추진하지 않겠다'라는 취지로 발언한 바 있다.

하지만, 물밑에서는 전혀 다른 작업이 진행되고 있었다.

이재명이 성남시의회에서 위례신도시 포기 발언을 한 2013년 7월, 남욱과 정영학은 유동규와 함께 위례신도시 사업을 추진해 이재명의 2014년 재선자금을 마련하기로 합의했다. 유동규는 이를 정진상에게 보고했고, 정진상이 승인하면서 사업에 본격적인 설계가 들어갔다. 그리고 이 작업에 필요한 성남도시개발공사가 마침 2013년 9월에 설립되었다.

성남도시개발공사에서 공모지침서는 유동규가 정영학과 함께 작성했다.

검찰의 정진상 압수수색영장에는 "성남시장 이재명과 정진상은 사업자 공모 전인 2013년 10월 29일 유동규 전 성남도시개발공사 기획본부장으로부터 '위례신도시 A2-8BL 공동주택 현황 보고'를 보고받으면서 남욱 씨 등 성남도개공 관계자와 함께 작성한 공모지침서에 따라 남 씨 등을 위례신도시 개발사업자로 선정하기로 했다"라고 적시되어 있다. 유동규가 남욱, 정영학 등과 함께 작성한 공모지침서에는 건설사의 공모사업 참여 금지, 출자자 신용등급 기준 하향, 컨소시엄 구성원 수에서 특정금전신탁 등 제외, 공사와 민간사업자 5대 5배당 등의 내용이 담겼다. 수험생이 시험 전에 답안지를 미리 작성토록 한 것이다.

2013년 11월 1일 위례신도시 사업 공모가 나갔고, 남욱과 정영학이 설계한 미래에셋컨소시엄이 사업계획서 제출일인 2013년 11월 11일 후 하루 만에 우선협상대상자로 선정됐다. 이것도 갑자기 공모 일정을 이틀씩이나 앞당긴 것이다. 성남도시개발공사는 이들과 함께 특수목적법인(SPC)인, '푸른위례프로젝트'라는 프로젝트금융투자회사(PFV)를 세우고, '위례자산관리'라는 자산관리회사(AMC)로 선정한다.

여기서 SPC니, PFV니, AMC니, 복잡한 용어들이 등장하는데 간단하게 설명해보면 이렇다.

도시개발 프로젝트가 하나 생겼다고 치자. 한 회사가 돈을 다 출자해서 진행할 수도 있겠지만, 그렇지 않은 경우들이 많다. 특히, 민관합동 개발을 한다고 했을 때, 성남시가 어느 정도 지분을 갖고, 다른 회사들이 모여서 나머지 지분을 갖는 구조로 회사를 하나 만들어서 사업이 끝나면 거기서 번 돈을 각자 나누고 빠이빠이 할 수 있는 일시적인 장치가 필요하다. 그렇게 특수한 목적을 위해 서류상 임시로 만든 회사를 특수목적법인(SPC)라고 한다.

이런 개발사업을 하기 위해 필요한 돈, 프로젝트 파이낸스(Project Finance)를 끌어와서 담을 특수목적법인을 프로젝트금융투자회사(PFV, Project Financing Vehicle)라고 한다. 그리고 여기에 담긴 돈을 위탁받아서 프로젝트에 맞게 운영하는 회사를 자산관리회사(AMC, Asset Management Company)라고 한다.

위례신도시 사업에서 이 구조가 어떻게 적용되는지 보자.

성남도시개발공사는 공모를 통해 민간사업자인 미래에셋 컨소시엄을 사업 파트너로 선정했다. 이들은 사업을 추진하기 위해 공동으로 출자한 특수목적법인(SPC), '푸른위례프로젝트 (PFV)'를 자본금 50억 원으로 하여 설립한다. 여기서 성남도시 개발공사는 토지를 공급하고, 미래에셋컨소시엄은 자금을 조달해왔다. 그리고 이렇게 모이는 자산을 운용하는 일을 '위례 자산관리(AMC)'가 전담했다.

위례자산관리는 여러 가지 측면에서 일반적이지 않았다. 민 관합동으로 개발사업이 이루어질 경우, 설립과 동시에 자산관 리회사를 세우지만, 위례자산관리는 푸른위례프로젝트 설립 보름 전에 세워졌다. 비슷한 시기에 진행된 하남, 안산, 의왕에 서는 PFV설립과 동시에 AMC를 세웠고, 공사 직원이 파견되 어 관리 감독이 이루어질 수 있도록 했지만, 위례에서는 민간 이 독자적으로 자산관리회사를 꾸려나갔다.

위례자산관리는 시행/시공을 맡은 호반건설의 손자회사 티에스 주택이 100% 지분을 소유한 회사였다. 여기에는 사 내이사로 남욱의 부인 정시내와 정영학의 부인 김미림이 이 름을 올렸다. 또한, 투자에 참여한 기업에는 위례투자 1호,

위례투자 2호, 위례파트너 3호, 에이치위례피엠이라는 회사도 등장한다. 이들은 모두 같은 주소지에 사무실을 두고 있으며, 위례투자 2호에는 정시내, 위례파트너 3호에는 김미림, 에이치위례피엠에는 정시내와 김미림이 모두 사내이사로 들어가 있었다. 남욱-정영학의 회사라는 의미다.

이렇게 2013년 7월 포기선언을 했던 사업이 갑자기 부활해 반년도 되지 않아 그 누구의 감시도 받지 못한 채 민간업자의 손에 쥐어진 것이다. 그 어떤 정부 사업도 이렇게 이루어지는 경우가 없다. 이 말은, 사업자가 내정되지 않고서는 취할 수 없는 행동들이다. 게다가 성남도시개발공사의 첫 사업을 당시로서는 흔치 않았던 민관합동개발로 진행하는데 성급하게 추진해야 할 이유가 따로 있었다는 것으로밖에는 해석할 수 없다.

그리고 이 모든 사안에 관한 행정절차는 이재명에게 보고되어 이재명의 결재로 이루어졌다.

하지만, 당장 2014년 선거자금을 마련해야 하는데, 실제 배당이 이루어지는 시점인 2017년까지 기다릴 수 없었다. 그렇다면 그 돈은 어떻게 급하게 땅길 수 있었을까?

여기에는 여러 가지 방식이 존재한다.

우선, 검찰은 호반건설이 아파트 시공 사업권을 확보하는 대가로 남욱에게 연대보증을 서주고, A 증권이 남욱에게 365억 원을 대출해준 것으로 보고 있다. 이후에 분양대행업자 등에게 용역을 맡기는 대가로 돈을 끌어 모아 자금을 마련했다는 것이다. 이런 사업이 결정되면 자기도 끼워달라고 알아서 뇌물을 가져다 바치는 사람들도 등장하기 마련인데 이 중에는 유동규에게 3억 원을 뇌물로 건넨 정재창도 있었다. 정재창이라는 인물이 재미있는 점은 이후에 대장동 일당이 화천대유 등을 통해 막대한 개발이익을 챙긴 것을 알고서 정영학과 김만배 등에게 150억을 요구해 일부를 챙긴 것으로 알려졌기 때문이다. 물고 물리는 꾼들의 세계란...

다른 한 가지는 사업자 선정 이후, 선정된 사업체들을 이용한 담보대출을 받는 방식이다. 정영학은 선거를 앞둔 2013년 12월, 위례투자 1, 2호와 위례파트너 3호 등으로부터 자신이 보유한 경기 용인시 수지구 아파트를 담보로 9억여 원을 빌렸다. 본인이 세운 회사들로부터 본인소유의 아파트를 담보로 대출을 받는 방식인 것이다.

끝으로, '정치자금 저수지'를 활용하는 방식이다. 위례투자 1호의 실소유주가 누구인지 밝혀지지 않았다. '정치자금 저수지'의 특징은 애초에 실소유주가 밝혀지기 어려운 돈이 모이는 공간이라는 점이다. 특정 회사를 지정해, 그곳에 모인 돈을 각종 방식을 통해 너도나도 필요할 때마다 현금화해 정치자금으로 활용하는 것을 '정치자금 저수지'라고 한다. 가령, 위례투자 1호에 대해 누군가가 소송을 제기하면 합의금 명목으로 현금을 건네는 방식을 취할 수도 있고, 뇌물을 전달해야 하는 사람에게 수임료, 용역비 등의 명목으로 지급할 수도 있다. 쉽게 말해서 ATM으로 쓰는 것이다. 이 방식을 취할 경우, 정치인이나 정치집단이 직접 돈을 받지 않고도 비자금을 마련할 수 있게 되기에 암암리에 활용된다.

이렇게 확보된 돈은 성남시장 재선 자금 명목으로 유동규와 정진상, 김용 등에게 흘러들어갔다. 이 돈이 구체적으로 어디에 어떻게 쓰였는지는 수사를 통해 밝혀야겠지만, 여기까지는 적어도 돈을 줬다는 사람들의 진술을 종합해봤을 때 부정하기 어려워 보인다.

위례신도시 사업을 통해 2017년 3월 306억 원의 수익 배당

에서 보통주 10만주(주당 5,000원)에 대한 배당금 301억 5,000만
원 중 공사가 150억 7,500만 원을 받았다. 5% 지분으로 50%의
이익을 얻은 도시개발공사는 시민의 이익을 위해 성공적인 사
업을 해낸 것으로 평가받는다.

성남시 위례신도시 A2-8블록 사업의 배당지분율

단위: %

출자자	출자 지분율	배당 지분율
성남도시개발공사	5.0	50
부국증권	19.4	0
미래에셋증권	2.5	0
위례자산관리	13.5	10
메리츠 위례투자특정금전신탁	14.9	10
아이비케이 위례투자특정금전신탁	14.9	10
유진 위례투자특정금전신탁	14.9	10
에스케이 위례투자특정금전신탁	14.9	10

자료: 금융감독원 전자공시, 이기원 의원실

The JoongAng

성남시 위례신도시 A2-8블록 사업의 배당지분율. 그래픽=김영옥 기자
yesok@joongang.co.kr

　　문제는 나머지 50%가 누구에게 어떻게 배당이 되었는지 알
수 없다. 앞서 언급했던 남욱-정영학 일가의 투자사들이 '특정
금전신탁'이라는 이름으로 은폐되어 있기 때문이다. 특정금전
신탁이란, 위탁자(투자자)가 자신의 투자성향과 투자기간, 목적

등을 고려해 신탁재산의 운용을 수탁자(금융사)에게 지시하고, 수탁자는 위탁자의 운용지시에 따라 신탁재산을 운용한 후 그 결과에 따라 수익자에게 실적 배당하는 것을 내용으로 하는 형태다. 이것을 어떻게 설계했느냐에 따라 투자자의 이익배당이 어떻게 결정될지가 결정되는데, 금융사들이 이 자료를 제공하지 않고 있기 때문에 베일에 쌓여있는 것이다.

이 구조가 기시감이 든다면 대장동 개발과 그 형태가 거의 같기 때문이다.

	위례신도시	대장동
프로젝트금융회사(PFV)	푸른위례프로젝트	성남의뜰
자산관리사(AMC)	위례자산관리	화천대유자산관리
가족회사(개인투자사)	위례투자 1/2호 위례파트너 3호 에이치위례피엠	**천화동인 1~7호**

똑같은 사람들이 설계했고, 똑같은 사람들이 승인했고, 똑같은 사람들이 이익을 봤다. 위례신도시가 대장동의 '예행연습'이었다고 평가받는 것도 이 때문이다. 다만, 대장동은 그 규모가 위례신도시의 수십 배에 달하고 성남시가 개발이익을 상당

부분 포기함으로써 민간사업자들에게 그 이익을 '몰빵'해줬다는 차이가 있다. 더 많은 사람들이 관여했고, 더 복잡한 이해관계 얽혀있으며, 더 악랄한 음모가 숨어있는 대장동. 그 진실로 향하는 길에는 너무나도 많은 사람의 희생이 있었다.

그 길의 끝에는 한 사람, 이재명이 있다.

무간도 無間道

영화 〈무간도〉는 경찰의 스파이가 된 폭력 조직원과 폭력 조직의 스파이가 된 경찰의 이야기를 다루고 있다. 이재명이 재선에 성공한 직후부터 성남도시개발공사는 본격적으로 대장동 개발사업의 공모 준비에 돌입했다. 사실, 이 모든 과정이 다 대장동을 위한 준비 작업이었기에 '돌입했다'는 표현이 잘못되었을 수 있다.

어쨌든, 이 준비의 일환으로 2014년 11월, 성남도시개발공사는 전략사업팀을 신설하고, 두 명의 신규 직원을 채용했다. 전략사업팀장으로는 김민걸이라는 회계사가, 전략사업팀 투자사업파트장으로는 정민용이라는 변호사가 채용되었다. 남욱은 이들의 채용에 대해 이렇게 말했다. 정민용은 남욱이, 김민걸은 정영학이 각각 꽂은 사람이었다.

"영화 〈무간도〉처럼 공사 안에 우리 사람을 심었다"

남욱-정영학에 대한 검찰수사가 본격적으로 진행되자, 리틀남욱, 리틀 김민걸이 성남도시개발공사에 심어진 것이다. 이들의 임무는 수익배분 구조를 화천대유자산관리에게 유리하게 설계하고, 하나은행 컨소시엄이 민간사업자로 선정되도록 하는 것. 이 중 눈에 띄는 인물은 정민용이다.

정민용은 대장동 사업의 공모지침서 작업을 담당했다. 공모지침서에는 민간사업자의 이익을 극대화하기 위한 이른바 '가지 독소조항'들이 포함되었는데, 내용은 다음과 같다. ①사업신청 가능자에 자본시장과 금융투자업에 관한 법률에 따른 간접투자기구 및 신탁은 포함되게 하면서 건설업자는 제외함, ②컨소시엄 대표사의 신용등급 관련 평가 기준을 AAA로 함, ③대표사의 부동산 프로젝트 금융 주간사 실적 관련 최고 등급 평가 기준을 7,000억 원으로 함, ④사업비 조달비용 관련 최고 등급 평가기준을 CD금리 수준인 2.5% 이하로 함, ⑤공원사업비·임대주택부지 제공 외 공사는 추가 이익 분배를 요구하지 않음(고정이익 환수), ⑥개발한 택지를 민간사업자가 직접 사용해 아파트 시행 사업을 할 수 있도록 함, ⑦자산관리·운용 및 처분에 관한 업무를 사업신청자 구성원 중 1인을 자산관리회사로 선정해 위탁함.

내용이 조금 어려울 수 있는데, 차근차근 살펴보자. 개발 사업에 건설업자를 제외하고 사실상 은행권만 참여할 수 있도록 한 것은 자산관리사인 화천대유가 건설사업 시행에 있어 독점권을 부여한다. 그리고 평가 기준을 AAA로 책정한 것이나, 7,000억 원의 실적을 요구한 것, 조달비용을 CD금리 수준인 2.5%으로 설정한 것 등은 하나은행과 같은 메이저 은행이 참여하는 컨소시엄이 아니면 참여하지 못하도록 문을 좁힌 것이다. 사실상, '성남의뜰'을 위한 맞춤형 평가 기준이다.

물론, 이는 사업의 안정성을 위해서 이렇게 높은 기준을 책정한 것이라는 반론을 제시할 수 있다.

문제는 나머지 조항들이다. 성남도시개발공사가 출자한 지분만큼의 이익을 가져가는 것이 아니라 고정이익만 가져가고,

초과이익은 포기하도록 하는 것이나 자산관리사에게 사업시행의 독점권을 부여하는 나머지 조항들은 대장동 개발사업이 화천대유의, 화천대유에 의한, 화천대유를 위한 사업이 되도록 하는 것이다. 특히, 애초에 투자심의위원회의 의결을 거쳐 시의회에서 의결한 사업출자타당성의 내용을 뒤집는 내용이다.

이렇게 성남시민에게 돌아갈 돈을 빼돌려 민간업자에게 사업수익을 '몰빵'해주는 구조의 공모지침서를 작성한 사람이 정민용이었다.

당연히, 내부 반발도 있었다. 2015년 2월경에 공모지침서를 검토한 개발사업1팀 개발계획파트장이 "초과이익을 민간사업자가 독점하지 못하게 추가 사업이익 배분 조건을 제시하는 사업신청자에게 더 높은 점수를 줄 수 있도록 수정해야 한다."라는 반대의견을 수차례 제기했지만 정민용은 이를 묵살했다.

성남의뜰 컨소시엄이 우선협상자로 선정된 후에도 개발1팀은 팀장 김문기를 필두로 해서 초과이익 환수 조항을 사업협약서 수정안에 포함시키고자 했다. 개발1팀은 5월 27일 오전 10시 34분, 초과이익 환수 조항이 포함된 사업협약서 수정안에 대한 검토 요청 공문을 전략사업팀 등에 보냈다. 이에 정민용은 자신보다 상급자인 김문기 등을 불러 해당 조항을 삭제한 사업협약서 재수정안을 다시 기안해 회람하라고 요구했다. 이에 개발1팀은 초과이익 환수 조항을 삭제한 재수정안을 약 7시간 만인 오후 5시 50분 다시 기안했다. 정민용은 김문기보다 직책이 낮았음에도 유동규를 등에 업고 이래라저래라 할 수 있었고, 무언가 잘못되더라도 상급자인 김문기가 책임을 질 수 밖에 없는 상태에서 일을 처리한 것이다.

"회사에서 정해준 기준을 넘어 초과이익 부분 삽입을 세 차례나 제안했는데도 반영되지 않고, 당시 임원들은 공모지침서 기준과 입찰계획서 기준대로 의사 결정을 했다."

"대장동 일을 하면서 유동규BBJ('본부장'을 뜻하는 것으로 추정)나 정민용 팀장으로부터 어떠한 지시나 압력, 부당한 요구를 받은 적이 없었다."

"오히려 민간 사업자들에게 맞서며 우리 회사의 이익을 대변하려고 노력했다."

성난 시민

"그들로부터 뇌물이나 특혜를 받은 적이 없다."

김문기가 자필유서에 적은 내용이다.

김문기는 몰랐을 것이다. 이 모든 것들이 수년 전부터 이미 짜여온 판이었다는 것을. 그리고 그 판에서 자신은 그저 아주 작은 소모품일 뿐이었다는 것을. 그리고 유동규든 정민용이든 김문기에게 어떤 부당한 압박을 하지 않았던 건, 자신이 방해만 되지 않는다면 그저 시키는 대로 움직이면 되는 존재였기 때문이었다는 것을. 이 모든 걸 모른 채, 김문기에게 대장동 사태의 주범이라는 오명은 너무나도 가혹했을 것이다. 최선을 다한 회사에서 징계 의결서를 받아 들고 사무실 문고리에 목을 맬 때 김문기가 느꼈을 허탈함과 외로움, 분노는 가늠할 수 없다. 그리고 안타깝게도 이재명은 아직도 그의 존재를 부정하고 있다.

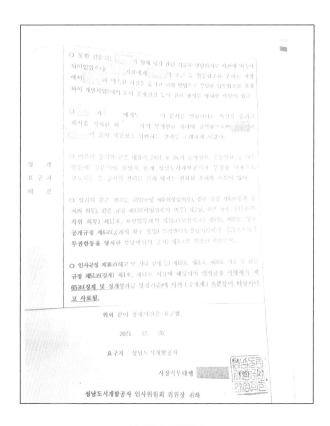

징계의결서의 일부

쥐도 새도 모르게 일을 처리한 정민용에게는 후한 대가가
지급되었다. 일단, 대장동 개발사업이 확정되고, 2016년 초부
터 4년 동안 남 변호사가 술집 여사장에게 돈을 맡겨두면 자신

이 찾아가는 방식으로 매달 5백만 원에서, 많게는 1천만 원씩 3억 원에 가까운 돈을 받았다. 여기에 더해 유동규와 함께 '유원홀딩스'를 설립했는데[28], 유원홀딩스는 대장동 개발사업의 저수지 역할을 하기 위해 만들어진 회사가 아니냐는 의혹을 받고 있다. 남욱으로부터 35억 원을 송금받기도 했고, 김용이 유동규로부터 현금 1억 원이 든 현금 봉투를 가져간 곳도 유원홀딩스 사무실이다.

이러한 사실들이 속속 밝혀지자 정민용은 혐의를 인정하면서 검사에게 "어떻게 처리할 것인지" 되묻고, "갓 태어난 딸이 있다"라며 선처를 호소했다고 한다. 정민용이 김문기를 죽음으로 몰아넣는 데 일조하고 뭔가 대단한 것을 누렸을 것 같지만, 정민용도 거대한 음모의 한 부속품이었을 뿐이다. 유원홀딩스도 정민용의 이름으로 만들어졌지만, 유동규가 실소유주고 정민용이 받은 돈이라는 것도 대장동 일당이 해먹은 돈에 비하면 개평 정도의 수준이다.

---

28 원래는 다시마 비료사업을 하는 '유원오가닉'의 이름으로 설립되었다가 2개월 뒤, '유원홀딩스'로 이름이 변경되었다. 여기서 '유원'은 유동규의 유와 원(1)을 합친 유동규의 별명이라고 한다. 이는 실소유주가 정민용이 아닌 유동규임을 알 수 있는 대목이다.

주목해야 할 곳은 대장동의 몸통이라 할 수 있는 자들, 특히 이 모든 사업을 설계하고, 검토하고, 승인한 이재명이다. 정민용이 다양한 증언들을 뱉어내고 있는데, 내용을 종합해보면 결국 이재명이 다 보고를 받았다는 것이다. 사실, 이재명이 보고를 직접 받았는지 아닌지, 여부는 중요하지 않다. 수천억짜리 사업을 시장이 검토도 제대로 안 하고 결재할 리 없고, 이재명 스스로도 대장동 사업은 본인이 설계한 것이라고 자신 있게 이야기했기 때문에 이 모든 과정은 이재명의 승인과 검토 하에 벌어진 것이다.

무간지옥(無間地獄). "무간지옥에 빠진 자는 죽지 않고 영원히 고통을 받게 된다." 불교에서 말하는 18층 지옥 중 제일 낮은 곳을 칭하는 용어로, 가장 고통이 극심한 지옥을 일컫는다. 죽지 않고, 고통이 영원히 지속되는 공간인 무간지옥으로 이르는 길이 곧 '무간도(無間道)'다.

만약 우리 사회가 정의로운 사회라고 한다면 대장동 개발사업이라는 무간도의 끝에는 이재명이 있을 것이라 믿어 의심치 않는다.

김만배와 '5,000,000,000원 클럽'

대장동 사건 관련 뉴스에 관심이 있는 사람들은 지금까지 이어져 온 스토리에서 한 가지 의심을 가질 수 있다.

'그런데 화천대유는 김만배 것 아니었어?'

맞다. 화천대유는, 적어도 표면적으로는 김만배 소유다. 그런데 대장동 사업의 주도권이 어쩌다 남욱-정영학에서 김만배로 넘어간 것일까?

2014년, 남욱-정영학은 검찰의 수사대상에 오른다. 과거 이강길로부터 받은 8억 3천만 원에 대한 것이었다. 이 중 3억 원에 대해서는 변호사 비용이라고 소명할 수 있었지만, 나머지 5억 3천은 실제로 변호사법을 위반해 세탁한 후에 횡령자금으로 돌려서 준 것이기에 빠져나갈 방법이 없었다. 남욱-정영학은 2014년 말께 검찰 수사에 대비해 '사건 보고서'를 작성했는데, 여기에 정 회계사는 '횡령의 공범 → 방법 없음' '변호사 비용 우기는 것이 맞음'이라고 적을 정도였다고 한다. 그리고, 남욱은 변호사법 및 범죄수익은닉규제법 위반으로 구속기소 되었다.

구속되기 전, 남욱과 정영학은 대비해야 했다. 우선, 사업의 얼굴을 바꾸어야 했다. 남욱-정영학이 전면에 나서서 사업을 추진하기에는 사법 리스크가 너무 컸다. 그리고 외곽에서 법조 로비를 해줄 사람이 필요했다. 이 모든 것이 가능한 인물이 김만배였다.

김만배는 대장동사업의 몸통이라 할 수 있는 자산관리회사 '화천대유'의 얼굴로 낙점되었고, 곧바로 사업 설계에 들어갔다. 일단, 금고지기가 필요했다.

김만배는 우선, 남욱에게 최고의 법률팀을 붙여주었다. 여기에는 훗날 국정농단의혹사건 특별검사로 활약하는 박영수, 박영수의 로펌에서 활동한 조현성[29], 대검 공안기획관 출신 이영만, 서울고법 판사 출신 정헌명 등 총 31명이 이름을 올렸다. 변호인단에는 이재명의 최측근으로 알려진 김승원 의원(당시 변호사)도 포함되어 있었다. 김승원과 김만배는 수원 수성고 한 기수 선후배 사이다.[30]

남욱 하나 지키겠다고 이정도의 변호인단을 꾸린 것이다.

돈을 많이 들일 필요도 없었다. 이들에게는 대장동 개발사업이라는 레버리지가 손안에 있었기 때문이다. 이 화려한 변호인단은 성공적으로 남욱의 무죄판결을 끌어냈다. 사건과 관련된 이강길 등이 유죄판결을 받은 것과는 대조적이었다. 참고로 당시 남욱에 대한 수사를 지휘했던 강찬우 검사장도 퇴임 후, 화천대유의 고문으로 이름을 올렸다.

---

29 '천화동인 6호'의 대표이사

30 김승원 의원이 28기, 김만배가 27기 졸업생이다. 참고로 화천대유의 고문을 맡았던 5선 출신의 원유철 전 미래통합당(현 국민의힘) 의원(24기)과 남욱의 처남이 비서로 의원실에서 모셨던 안민석(25기) 더불어민주당 국회의원도 이 학교 동문이다.

여기서 주목해야 할 키맨은 박영수다. 박영수는 조우형이 부산저축은행으로부터 대장동 개발사업의 종잣돈 1,115억 원을 불법으로 대출받은 혐의로 재판받을 때 변호를 맡으며 대장동 개발사업의 맛을 본 사람이었다. 하지만 그가 대장동 일당과 손을 잡을 수 있었던 건 그가 단순히 검사 출신 전관예우 변호사였기 때문만은 아니었다. 박영수는 우리은행을 끌어오는 데에도 필요한 인물이었다. 박영수는 2013년 2월 25일, 우리금융지주 이사회에서 사외이사에 선임됐다. 그로부터 1년 뒤에는 우리금융지주 이사회 의장 자리에 올랐다. 2014년 11월 3일 분리돼 있었던 우리금융지주와 우리은행 이사회가 통합되자 통합이사회 의장까지 됐다. 박영수는 이러한 지위를 이용해 자신과 친분이 있는 전 부행장에게 대장동 사업에 1,500억 원의 여신의향서를 제출하도록 영향력을 행사했다는 의혹을 받고 있다.

박영수는 이러한 여러 가지 문제를 해결해주면서 대장동 일당에게 200억+@를 요구해 약정을 받아냈다고 한다. 이걸 부지런히 받아야 하니까 일단 딸을 화천대유에 토지 보상 담당 직원으로 취직시켰고, 본인도 화천대유의 고문변호사로 들어갔다. 아들은 대장동 아파트 분양대행업체 대표가 운영하는 회사에 취업시켰다. 이 업체 대표는 박영수의 인척이기도 한데, 김만배로부터 100억 원을 받은 것으로 알려졌다. 박영수의 딸은 화천대유로부터 대출 형태로 2019년 9월 2021년 2월까지 5차례에 걸쳐 총 11억 원을 빌렸고, 2021년 6월 화천대유가 보유한 아파트 한 채(전용면적 84㎡)를 시세의 절반 가격에 분양받아 약 8억 원의 시세 차익을 얻은 것으로 알려졌다. 검찰은 그래서 총 25억 원의 이익을 얻은 것으로 보고 있다. 박영수 본인은 고문료로 연간 2억 원에 더해 8억 원을 추가로 받은 것으로 알려졌다. 어쨌든 200억을 어떻게 꾸역꾸역 받기 위한 부지런한 노력했다는 거다.

김만배는 '성남의뜰' 컨소시엄 구성도 해야했다. 성남도시개발공사의 공모지침에 맞는 컨소시엄을 구성하기 위해서는 메이저 은행이 필요했다. 그렇게 대표사로 하나은행이 낙점되었다. 하나은행 컨소시엄은 호반건설이 속한 산업은행 컨소시엄, 메리츠증권 컨소시엄 등과 입찰 경쟁을 펼쳤다. 하지만 이 과정에서 산업은행 컨소시엄 소속이던 호반건설이 하나은행 컨소시엄을 무산시킨 뒤 새 컨소시엄을 구성하자고 김정태 전회장 측에 제안하면서 위기가 발생했다.

김만배는 이 위기를 타개하기 위해 대학 동문이자 친분이 있었던 국민의힘 곽상도 국회의원을 찾았다. 김만배는 조우형에게 '하나은행이 컨소시엄을 나가려고 해서 미쳐버리겠다. 곽상도한테 얘기해서 잘 풀어봐야겠다'라고 하고 여러 차례 사무실을 방문한 것으로 드러났다. 이후에 어떤 이유에서인지 하나은행은 컨소시엄을 깨지 않았는데, 남욱은 이에 대해 "김만배가 '김상열 호반건설 회장이 김정태 당시 하나은행 회장에게 컨소시엄 구성을 제안해 성남의뜰 컨소시엄이 깨질 뻔했는데, 상도 형이 하나은행 회장에게 전화해서 막아주셨다'고 했다"라고 증언했다. 곽상도는 그 대가로 아들 곽병채를 화천대유의 '1호 사원'으로 입사시켰고, 곽병채는 퇴직금으로 50억을 챙겼다.

김만배는 곽병채를 통해 나도 설계하려고 했다. 아래는 김만배와 정영학의 통화 녹취록을 뉴스타파에서 보도한 것이다.

국민의힘 이기인 의원 같은 경우는..

정영학   성남에. 성남 쪽에.

김만배   응. 응.

정영학   시의원?   →삭병재머리 [삭성도의원 의 3]

김만배   시의원. 저 병재 선배인데, 시행사 이익을 공유하자. 끝나고 나하고 만나고 싶다. 이런 식으로. (..) 한번 만났는데. 응? 그러면서 다른 얘기.. 그러니까 이제 이게 한번은 시도를 (..)

정영학   알겠습니다.

김만배   그런데 애들은 나하고 그런 생각이 아니잖아. 조금만 (..) 그리고 일을 자기 주변에 완공을 시켜야 되는데.

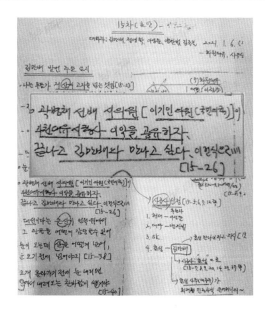

189

1부 Dead End

김만배가 대체 무슨 생각으로 내 이름을 그 입에 올렸는지는 모르겠다. 김만배와는 일면식도 없는 데다 김만배의 동창으로 알려진 윤창근 시의원을 통해 의회와의 교류를 활발히 했던 때는 내가 시의원으로 활동하지도 않았을 때다. 위 녹취록으로 검찰의 참고인 조사까지 받았다. 조사 과정에서 알게 된 사실은 성남의뜰 이성문 대표는 대장동에 대해 강하게 반대 의사를 내는 나에 대해 늘 거슬려 했다는 것 같다. 아마 학교가 같은 곽병채를 통해 접근하여 거추장스러운 반대의 목소리를 축소 시키고자 로비하려고 했는지도 모른다. 그러나 참고인 조사를 진행한 검사에게 확인한 바로는 그들은 내 앞에서 대장동의 '대'자도 꺼내지 못했다는 것을 알게 됐고 스스로도 인정했다고 한다. 하긴, 어떤 미친 사람이 앞에선 시행사 이익을 공유하자고 하면서 다른 한쪽에선 대장동 개발의 사업계획서와 같은 내부 자료를 얻어 언론사에 단독으로 제공하겠는가. 여전히 유명 포털사이트에서 "단독", "이기인", "대장동"만 검색해봐도 수많은 대장동 자료들이 나오는 것을 확인할 수 있다.

아마도 이재명이 제시하는 정책에 대해 사사건건 반대하는 나를 자신의 수하쯤으로 둘 수 있다는 김만배 특유의 허풍에서 비롯된 것일 거다. 대장동 재판이 마무리될 때 즈음 저 녹취록이 대체 어떤 근거에서 나왔는지 법적 조치를 통해 그 진실을 파헤쳐 볼 예정이다.

곽상도의 활약은 여기에서 그치지 않았다. 2022년 대선에서 이재명이 유력 후보로 떠오르며 대장동 사업에 대한 세간의 관심이 커지자 국민의힘은 부동산특위를 구성하고 곽상도를 위원으로 위촉했다. 진실을 은폐해야 했던 김만배는 곽상도를 시켜 대장동 사업에 대한 부동산특위의 조사를 무마하고, 정치권과 언론의 의혹제기를 차단하며 각종 형사사건에서 영향력을 행사케 했다. 50억을 받았으면 그 정도 밥값은 하라는 거다.

이 밖에도 이른바 '50억 클럽'에는 권순일 전 대법관, 김수남 전 검찰총장, 최재경 전 청와대 민정수석, 홍선근 머니투데이 회장 등이 이름을 올렸는데, 이 중 눈에 띄는 것은 권순일이다. 권순일이 눈에 띄는 이유는 그가 50억 클럽에 들어가기 위해 저지른 일이 대법관 시절 사법 체계를 유린하면서 저지른 일이고, 대장동 사업과 직접 관련이 있다기보다는 이재명을 위해 저지른 기상천외한 일이기 때문이다.

이는 2018년 지방선거에서 이재명이 허위사실 공표 혐의로 고소당한 사건에 관한 것이다.

2012년 이재명은 분당구 보건소장 등에게 이재선을 정신병원에 강제로 입원시키라고 지시하고 독촉했다. 입원 서류를 준비시키고 청원 경찰 2명을 동원해 형의 집 앞에 구급차를 보내기도 했다. 이 과정에서 보건소장이 교체되기도 했다. 이재선의 딸 이주영이 공개한 녹취파일에는 이재명 부인 김혜경이 딸에게 **"내가 여태까지 너희 아빠 강제 입원 말렸거든, 너 때문인 줄 알아라. 알았어?"**라고 협박하는 내용도 등장하는데, 녹음 시점이 2012년 6월이다. 이재명의 가정사가 어땠는지가 중요한 것이 아니라 **이재명이 이재선을 정신병원에 입원시키려고 했다는 사실이 존재한다는 것**이다.

2018년 제7회 동시 지방선거를 앞두고 열린 TV토론에서 이재명은 다음과 같은 발언을 하였다 : "우리 김영환 후보는 저보고 정신병원에 형님을 입원시키려고 했다. 이런 주장을 하고 싶은 거 같은데, 사실이 아닙니다." 명백한 거짓말이었다.

바른미래당은 이러한 허위사실공표 행위에 대해 고발하였고, 1심에서는 무죄, 2심에서는 이에 대해 유죄로 보고 벌금

300만 원을 선고했다. 대법원에서 형이 확정되면 당선무효가 되고, 이재명과 더불어민주당은 도지사 선거비용을 반환해야 할 처지에 놓여있었다.

하지만, 대법원은 다르게 판단했다. 2020년 7월 16일, 대법원 전원합의체는 무죄 7, 유죄 5, 기권 1로 원심을 파기하고 무죄 취지로 수원고등법원에 파기 환송한 것이다.[31] "의혹을 제기하는 상대 후보자 질문에 대한 답변일 뿐, 적극적·일방적으로 널리 알리려는 공표행위라고 볼 수 없다"라는 취지였다. 소수의견은 "분당구보건소장 등에게 강제 입원을 지시·독촉했고, 단순히 질문에 부인하는 답변을 한 게 아니라 자신에게 불리한 사실은 숨기고 유리한 사실만 덧붙여서 친형 정신병원 입원 절차에 관여한 사실이 없다는 의미로 해석될 수밖에 없는 취지로 발언했다"라고 봤다. 종합해보면 강제 입원을 지시 및 독촉한 것은 명백한 사실이고, 이재명이 거짓말을 한 것은 맞지만 저 정도의 발언이 적극적이고 일방적으로 널리 알리려

---

31 2019도13328. 무죄의견을 낸 대법관은 김명수 대법원장, 권순일·김재형·박정화·민유숙·노정희·김상환 대법관, 소수의견을 낸 대법관은 박상옥·이기택·안철상·이동원·노태악 대법관이다. 이 중 김재형과 민유숙은 이재명의 사법연수원 동기(18기)이기도 하다.

는 공표행위라 볼 수 없다는 것이다.

남욱은 검찰조사에서 '김만배가 이재명 선거법 위반 사건으로 대법원에 들어가 권순일에게 부탁해 뒤집힐 수 있도록 역할을 했다고 말했었다.' '2019년부터 김 씨가 권 전 대법관에게 50억 원을 줘야 한다고 말하기 시작했다'등의 진술을 했다. 유동규 또한 재판에서 김만배로부터 정진상 등이 쌍방울을 통해서 대법관에게 로비하고 있다는 말을 들었다'라고 진술했다. 김만배는 실제로 문제의 대법원판결을 전후로 8차례나 대법관실을 방문한 기록이 있다.

판결 결과를 미리 알고 있었다는 정황도 있다. 이재명의 성남시장 선거캠프 출신 임모씨가 대법원 선고 약 3주 전인 2020년 6월 24일 은수미 전 시장의 비서관과의 통화에서 "지사님 (사건)은 (대법원 내부) 잠정 표결을 한 모양이야. 잘 됐다는 쪽으로 가닥이 잡힌 것 같네. 7월 16일 결과가 나온 모양이야. 만장일치는 아닌 것 같고. 8대 5나 예를 들어서."라고 말했다.

권순일은 판결 이후 화천대유의 고문으로 영입되었다.

대법관을 매수해 무죄판결을 받아낸다. 그리고 매수 비용은 대장동 개발수익에서 떼어준다. 자기 돈은 한 푼도 쓰지 않으면서 대법관을 매수할 수 있다는 것은 엄청난 발상이 아닐 수 없다. 대한민국의 사법 체계의 근간이 흔들린 덕에 이재명은 차기 대선후보, 당 대표까지 승승장구할 수 있었고, 보전받은 38억의 선거비용을 토해내지 않아도 되게 되었다. 김만배는 이재명에게 정치적 생명의 은인이 된 것이다.

님욱은 녹취에서 대장동 사업에 대해 이렇게 말했다.

"4,000억짜리 도둑질하는데 완벽히 하자, 문제가 되면 게이트가 아니라 대한민국을 도배할 것"

너무나도 많은 사람이 돈으로 얽혀있는데, 심지어 윤석열 현 대통령까지도 연결이 되어있다. 박영수는 화천대유에 합류하고 얼마 지나지 않아서 박근혜 국정농단 특별검사로 임명되는데, 특검팀에는 윤석열 당시 대전고검 검사가 합류하게 되었다. 윤석열은 박근혜의 탄핵을 성공적으로 끌어내는데 혁혁한 공을 세웠고[32], 이후에 탄생한 문재인 정부에서 검찰총장에 오를 수 있었다.

윤석열이 검찰총장으로 임명되기 직전인 2019년 4월, 김만배의 누나이자 천화동인 3호 이사가 윤석열의 부친 윤기종의 연희동 주택을 19억 원에 매입하기로 계약했다. 이후에 대출을 통해 나누어서 매입이 이루어졌는데, 김만배와 윤석열이 어떻게 아는 관계인지는 아직 밝혀진 바 없다.

다만, 김만배가 대선 직전에 신학림 전 전국언론 노조위원장과 짜고 조작된 녹취록을 발표하면서 마치 윤석열이 과거부터 김만배와 친분이 있었고, 대검 중수 2과장으로 부산저축은행 부실대출 수사를 무마해줬으며, 이로 인해서 대장동 개발사업이 무산되지 않고 진행될 수 있었다는 식의 프레임을 씌웠다. 이를 대가로 신학림은 김만배로부터 책 3권 값 명목으로 1억 6,500만 원을 받아 챙겼다.[33] 아직도 민주당 지지자들 사이에

---

32 윤석열은 "검찰이 못 엮는 뇌물죄는 내가 엮어 박근혜 내보냈다"라고 직접 발언했다.

33 이 중, 1,500만 원은 내지도 못할 부가세 명목으로 받았다고 하니 탐욕이 머리를 지배하는 유형의 인간으로 추정된다.

서는 대장동 게이트의 몸통이 윤석열이라는 억지 주장이 판을 치는데, 김만배가 누구를 지키기 위해서 신학림에게 돈을 쥐여 주었는지 보면 답은 명확하다.

'김만배의 50억 클럽'은 결국 대장동 사업수익으로 대한민국 사법 시스템을 매수해 쥐고 흔든 희대의 법조비리 사건이다. 돈은 진보와 보수, 빨간색과 파란색을 가리지도 따지지도 않는다. 안타까운 것은 그것이 공적인 영역에도, 그것도 가장 공정해야 한다고, 국민이 믿고 싶어 하는 사법부가 돈에 오염되어 있다는 사실이다. 오염된 사람들도 문제지만, 오염을 시킨 사람들을 반드시 뿌리 뽑지 않으면 이러한 사태는 언제든 다시 터질 수 있다. 마약쟁이들도 공급책을 잡지 못하면 아무런 소용이 없듯, 대장동 사태의 주범들도 제대로 집어넣어 정의를 구현하지 않으면 더 큰 범죄로 이어질 것이 분명하다. 따라서, 대장동 사태에 대한 수사와 재판이 어떻게 결론지어지는지에 따라 우리 대한민국이 어떤 나라가 될 것인지가 결정된다고 해도 과언이 아닐 것이다.

나라를 훔친다

위례신도시 개발사업에서 성남도시개발공사는 5%의 지분으로 개발이익 50%를 가져갔다. 그리고 그렇게 민간에서 벌어들인 수익으로 2014년 이재명을 성남시장에 재선시키는 데 활용했다고 한다.

대장동 개발사업은 그보다 훨씬 규모가 컸다. 이재명의 스케일도 그만큼 커졌다. 대권주자의 반열에도 올랐고, 경기도지사 선거도 치러야 했다. 훨씬 더 많은 돈과 사람이 필요했다. 이제는 국제마피아 같은 동네 깡패들로 될 일이 아니었다. 이재명의 입장에서 다행히 김만배는 이 분야에 있어서 가히 독보적인 능력을 갖춘 사람이었다.

김만배에게는 20년 지기 동생이 있었다. **호남의 폭력조직 '목포새마을파'출신의 사업가(?) 최우향이다. 최우향의 목포 새마을파는 건축·철거현장의 용역사업을 통해 자금과 세력을 키워나가다가 2010년대 들어 금융사업에 뛰어들었다.** 여기서 '금융사업'이라고 하는 건 결국 주식의 시세차익을 노린 기업의 인수합병이었다. 최우형이 참여한 '금융사업'에는 쌍방울이 있었다.

쌍방울은 전주 나이트파 출신의 김성태가 2010년 공격적 M&A로 인수한 기업이다. 김성태는 이 과정에서 주가조작 혐의로 처벌받았지만, 쌍방울을 접수하는 데 성공했다. 김성태는 최우향을 무척이나 아꼈고, 2011년에는 최우향에게 해외사업 본부를 총괄하는 중책을 맡았다. 이후 2013년 8월에 쌍방울 대표이사로 선임된 최우향은 2개월 만에 국제 총괄 부회장에 올랐다.

김성태는 원래 대부업과 불법도박장 운영으로 돈을 벌던 조직폭력배였다. 이때 주가조작 세력에게 돈을 대면서 기업 인수합병에 눈을 떴고, 이후 경영위기에 빠진 쌍방울 인수하면서 '회장님'이 되었다. 이후 무자본 인수합병을 통해 특수차량 제작 업체인 광림, 바이오 기업 나노스, 속옷 업체 비비안, 연예기획사 아이오케이 등 50여 개 계열사를 거느리게 되면서 엄청난 부와 명예를 누리게 되었다. 그리고 여기에 큰 역할을 한 것이 최우향이다.

김만배는 최우향을 통해 김성태를 소개받았다. 조직력을 갖춘 '쩐주'를 엮어낸 것이다. 그리고 성남시를 훔친 김만배와 쌍방울을 훔친 조폭들이 손을 잡고 더 큰 도둑질에 나섰다.

경기도를 훔치고, 나라를 훔친다.

나라를 훔치기 위해서는 대통령직을 훔쳐야 했다. 대통령직을 훔치려면 당을 훔쳐야 했다. 당을 훔치려면 당의 최고 유력인사를 훔쳐야 했다. 그 유력인사는 이해찬이었고, 이해찬과 닿아있는 사람이 이화영이었다.

김만배는 금고지기 역할을 할 화천대유의 대표이사로 이재명의 최측근으로 알려진 이화영의 비서관 출신인 이한성을 앉혔다. 이한성은 비서관을 그만두고 이화영이 설립한 회사인 동로컨설팅에서 2017년 12월까지 재직할 정도로 신뢰가 두터운 인물이었다. 최우향도 이사로 화천대유에 참여했다. 김만배는 현재 이 둘을 이용해 화천대유 자금 대장동 사업 수익 390억여 원을 고액권 수표로 인출해 빼돌린 혐의를 받고 있다.[34]

김성태도 응답했다. 우선, 대선 캠프 법률지원단장을 지낸 이태형 변호사와 경기도 고문 변호사 등을 지낸 나승철 변호사를 각 비비안과 나노스의 사외이사로 선임했다. 김성태는 이들을 이화영을 통해 소개받았다고 한다. 특히, 나승철은 친형 강제입원 사건, 혜경궁 김씨 사건, 이재명 조카의 살인 피해자 명예훼손 사건 등등. 이재명의 대소사를 변호해 온 사람이다. '이재명의 머리'로 불리는 조계원 전 경기도 정책수석도 나노스의 사외이사로 선임되었다. 김성태는 여기에 더해 이화영에게는 법인카드를 쥐여주는 한편, 이화영을 통해 이해찬에게 매월 3,000만 원씩을 용돈으로 줬다고 한다.[35]

---

34 전임자 이성문 대표는 290억 원, 이한성 대표는 75억 원, 최우향은 95억 원, 김만배의 부인은 40억2,900만 원의 범죄수익을 은닉하는데 가담한 것으로 검찰수사를 통해 밝혀졌다.

35 이 돈이 실제로 전달이 되었는지, 배달사고가 났는지는 불분명하지만, 전달을 한 사실 자체는 사실이라고 보는 것이 맞다. 김성태와 이화영의 진술이 엇갈릴 때, 이화영은 그 진술이 거짓으로 판명이 나서 김성태의 진술이 참이 되는 경우가 대부분이다.

이렇게 정치권을 하나의 이익공동체로 엮어낸 김만배와 김성태는 이재명 구명에도 나섰다. 이재명이 무너지면 모든 것이 전부 무너지는 것이기 때문이다. 그 작업은 돈이 많이 들어갔다. 판사도 매수해야 했고, 천문학적인 변호사비용도 대야 했다. 하지만 2018년 이재명은 기적같이 회생했고, 그를 구한 건 김만배와 김성태였다.

이들은 대북사업에도 눈을 돌렸다. 이재명은 기존에 존재하지 않았던 '평화부지사'라는 자리를 만들어내 이화영을 앉혔다. 그냥 대놓고 대북사업을 하라고 만든 자리다. 원래 수많은 외교관계에서도 그렇지만, 정부 대 정부가 직접 하지 못하는 부분을 기업을 통해 풀어내는 경우가 많다. 그 역할을 이재명은 김성태와 쌍방울에 맡긴 것이다. 김성태의 입장에서는 일종의 투자였다. 대북사업도 잘 되면 대박이겠지만, 무엇보다도 이재명을 대통령으로 만들 수만 있다면 자신에게 떨어지는 부와 명예는 상상하기도 힘들 정도로 엄청났다. 김성태는 대선 전에 이재명이 대통령이 되면 쌍방울이 '10대 기업'으로 올라설 수 있다는 얘기도 주변에 했던 것으로 알려졌다. 게다가 이화영은 민주당의 대부代父 이해찬을 데리고 중국 지린성吉林省 훈춘琿春의 쌍방울 TRY 공장도 방문했다. 깡패 김성태에게 이런 거물들이 자신과 거래하는 것 자체가 부푼 꿈을 갖게 하기에 충분했을 것이다.

이런 작당모의에는 북한도 한패였다. 성남시장 때는 종북주의자들이 한 패였지만, 이번에는 아예 대놓고 북한 정부가 이재명을 도왔다. 2019년 1월 17일 중국 선양의 켐핀스키 호텔에서 쌍방울그룹과 조선아태평화위원회가 '북남경제협력사업 협약식'뒤풀이 영상에는 이런 장면이 나온다. 김성태가 폭탄주를 제조하는 송명철 조선아태위 부실장에게 그의 왼편에 앉은 이화영을 가리키며 "한마디만 할게, 명철아, 화영이 형이 나보다 형이다"라고 말한다. 그러다 김성태가 "대통령 한 번 만들어야 할 거 아니야"라고 한다. 누가 봐도 이재명을 대통령으로 만든다는 얘기고 그런 얘기를 북한 정부 관계자와 나누는 것이다. 북한이 이재명을 어떤 방식으로 도왔는지는 정확히 알 수 없지만, 이재명의 방북 추진 등으로 성과를 낼 수 있도록 해줄 계획이었던 것으로 추정된다. 하지만 이재명의 방북과 대북사업 추진은 문재인 정부의 반대로 무산되었다.

조폭. 공산주의자. 투기꾼. 브로커. 이재명의 정치에는 항상 따라다니는 것들이다. **이재명이 권력을 잡으면 늘 악인들이**

이익을 얻었고, 악인들은 이재명을 위해 충성을 다했다. 이재명은 이들과 운명공동체인 것이다. 그리고 이들이 늘 하는 말이 '이재명을 대통령으로 만들어야 한다.'라는 것이다. 만약 그런 이재명이 대통령이 된다고 했을 때, 어떤 헬게이트가 열릴지 상상에 맡기겠다.

결국, 그가 얻은 것

대장동 사태와 관련한 이들의 대부분이 구속되거나 재판에 넘겨져 있는 상태다.

이 챕터에 나온 사람들보다 훨씬 더 많은 사람이 엮여있고, 수많은 금전이 오가며 이 과정에 참여한 이들은 막대한 부를 축적했거나 축적하려다 발각되었다. 정진상이나 박영수의 딸, 장형철 전 경기연구원 부원장[36] 등은 화천대유를 통해 집 한 채씩 분양받았다. 공교롭게도 모두 무순위청약[37]이라는 특혜

---

36 이재명의 성남시장 시절 비서실에서 근무하다 경기도로 따라 올라왔다.

37 무순위청약. 미분양 된 계약 건을 아무 조건 없이 추첨에 의해 선정하는 방식이다. 해당 지역 거주, 노부모 부양, 신혼, 다자녀, 저소득계층, 국가유공자 등

를 통해서다.

누가 얼마를 받았는지, 얼마를 어떻게 건넸는지 등은 수사를 통해 밝혀졌거나 지금도 밝혀지고 있고, 법의 심판을 받게 될 것이라 믿어 의심치 않는다.

문제는 이 모든 사건의 알파이자 오메가인 단 한 사람. 이재 명이다.

이재명은 자신과 일했던 사람들이 자신이 임명한 자리를 이용해 물의를 일으켜도, 스스로 생을 마감하여도 끝까지 '나는 아무것도 모르고, 저들이 알아서 한 일들이다' '나는 돈 한 푼 받은 바 없다'라는 말을 반복하고 있다.

다음은 국민의힘 김웅 국회의원의 책 〈달려라 김웅〉에서 이 재명과 대장동 사건에 대해 적은 부분을 발췌한 것이다.

"대장동 사건이라는 것 자체는 간단하게 말해서 성남시가 들어가서, 땅을 강제 수용하고 난 다음에 그 수익이 나는 모

조건을 따지지 않고 무주택에 성인이라면 신청할 수 있으므로 당첨되면 커다란 차익을 얻을 수 있다. 세간에서는 '줍줍' 또는 '로또'라고도 불린다.

든 부분을 화천대유한테 다 넘겨줘 버린 거죠. 그러면 그 뒤로부터 그게 되냐 안 되냐를 떠나서 이 모든 일을 결정 할 수 있는 단 한 사람은 누구냐? 그 사람은 이재명이라는 거죠. 근데 거기에 관련된 사람들이 전부 다 구속됐어요. 그러면 이 주범의 혐의는 당연히 인정되는 거죠."

"사안이 워낙 복잡하고 여러 가지 이야기가 나오니까, 사람들이 이게 뭔가 없나보다, 이재명이 왜 안 들어가지? 이렇게 생각하게 돼요. 돈 봉투는 300만 원이 갔다. 이렇게 나오잖아요. 근데 이건 돈 봉투가 직접 오간 게 아니에요. 50억 클럽은 50억이 한 번에 왔다 갔다 한 게 아니고, 그때 대장동이나 이런 거 같은 경우는 수익을 만들어내는 구조 자체가 다른 거죠. 돈이 한 번에 오가는 게 아니고 저수지를 만들어 놓고 필요할 때마다 그때그때 정치자금을 풀어다 쓰는 건데, 일반 사람들은 알기 힘든 구조를 띠고 있어서 더 복잡하게 느껴지는 거예요. 하지만 저는 처음부터 이건 너무나도 단순한 사안이고 지금, 이 상태로 기소하면 무조건 유죄가 나온다고 이야기를 해왔고, 지금도 변함없어요."

"이렇게 생각하시면 돼요. 건물 창고 안에 쌀이 있는데, 문이 3개가 있어요. 건물 문 3개를 다 열고 손수레를 끌고 가서 창고에서 쌀을 꺼내서 손수레에 실어서 가져가서 그걸 시장에 팔아먹었어요. 근데 손수레도 이재명 거고, 건물 열쇠 3개도 다 이재명이 가지고 있고, 창고도 이재명이 관리해요. 쌀을 팔아먹은 일당을 잡고 보니 이 사람들은 이재명한테 허락받아서 이 쌀을 팔아먹었다는 죄로 구속이 된 거예요. 이재명이 준 열쇠를 가지고 문을 열고, 이재명이 준 손수레를 들고 가서, 이재명이 열어준 창고에서 쌀을 꺼내서 훔쳤습니다. 라고 해서 구속이 된 거죠. 그럼 어떻게 빠져나갑니까? 법을 아는 사람이 봤을 때 이거는 못 빠져나간다."

지금까지 수십 페이지에 걸쳐서 이야기한 서사를 요약하면 이런 내용이다.

결론적으로 몰랐을 리도 없지만, **몰랐으면 무능이 아니라 배임背任이고, 알았으면 공범共犯**이다.

이재명은 '돈을 한 푼도 받지 않았다.'라고 하지만, 지금까지의 모든 거래에서 이재명은 이득을 보았다. 유동규의 리모델링 협회 조직에서부터 선거 단일화 거래, 성남시의회 장악, 위례신도시 건설, 대법관 매수, 검찰 매수, 위증교사, 대북사업 등

등. 이 과정에서 모든 사람이 이재명을 위해 일했고, '이재명 대통령 만들기'에 매진했다. 엄청나게 많은 돈이 오고 가는 과정에서 일부는 이재명의 선거자금을 위해 혹은 이재명을 대통령으로 만들기 위해 필요하다는 명목으로 건네졌다. 남욱은 이재명의 당선을 위해 자기 회사 직원들까지 댓글부대로 활용할 정도로 물심양면으로 도왔다. 물론, 그들이 어떤 공적인 가치를 위해 움직인 것은 절대 아니고 각자의 이익을 위해서였겠지만, 결과적으로 그 어떤 책임 없이 이득만 취한 것은 이재명이 유일하다.

자신의 이익 때문이라기보다는 그저 위에서 시키는 대로 열심히 일하던 이들의 죽음마저도 이재명에게는 이득이었다. 하지만 이재명은 법적인 책임은 차치하고, 도의적인 책임조차도 없다고 주장하고 있다. 어떤 정치인들은 자기 주변 사람들이 자기 때문에 고통받는 것이 괴로워서 자신이 전부 떠안기도 하는데 이재명은 거꾸로 주변의 모든 사람이 자신이 받아야 할 벌을 대신 받게 하고 있다.

또한, 자기 주머니로 직접 들어온 돈이 없다지만, 국민의 세금을 동원한 공공사업을 통해 자신을 도운 이들에게 이익을 몰아주는 구조를 설계하고 승인한 것은 이재명 자신이다. 말 그대로 매관매직했으며 성남과 경기도를 팔아먹었다. 그리고 그 자신을 동력으로 삼아 대한민국의 제1야당의 대표이자, 대선후보이자 차기에도 유력한 대권 주자로 성장했다. 이건 자기 주머니로 돈을 챙기는 것보다 어쩌면 더 나쁜 짓이다.

이제는 멈춰야 한다. 더 이상의 희생은 없어야 하고, 책임이 있는 자가 책임을 져야 한다.

선함을 권하고, 악함을 벌하는 옛 동화의 가르침이 헛되지 않은 사회를 만들기 위해,
이재명이라는 인물에 인질로 잡혀있는 대한민국 정치를 복원하기 위해,
다시는 조폭이나 공산주의자들이나 투기꾼들이 판치지 못하는 사회를 우리 아이들에게 물려주기 위해,
이제는 멈춰야 한다.

이제는 그가 더 이상 빠져나가지 못하는 막다른 골목에 들어서기를.
그리고 이 죽음의 서사敍事도 그와 함께 끝을 맞이하기를.

성난 시민

2부

악인전

성남에서
생긴 일

#0. 이재명과 나

무상교복의 추억

이재명이 한창 '무상시리즈'로 자신의 정치브랜드를 만들어 가던 2017년 9월. 성남시의회는 무상교복 지원 예산이 포함된 제4차 추경안을 부결시켰다. 재적 의원 32명 중 31명이 참여한 가운데 찬성 14명, 반대 16명, 기권 1명으로 부결된 것이다. 당시 성남시의회는 더불어민주당 15석, 자유한국당 15석, 바른정당 1석, 국민의당 1석으로 구성되어 있었다. 당시 불참한 시의원은 자유한국당 의원이었다.

무상교복 예산이 부결되자 이재명은 자신의 페이스북을 통해 '〈무상교복 네 번째 부결한 성남시의원들이십니다〉'라는 제목의 글을 올렸다.

성난 시민

명단에는 나의 이름이 제일 처음 올라가 있었다. 그리고 "더구나 출산장려금 1억 원 지원조례를 추진하던 사람들이 교복지원 30만 원은 4번씩이나 부결하며 죽어라 반대하니 이해할 수 없다"라며 이재명답게 마무리했다.

문제는 이 글은 다음과 같은 이유로 허위 사실이라는 점이다.

⑴ 나는 표결에 기권했다. 기권한 행위가 부결의 이유가 된다는 것은 망상이다.

⑵ 나는 출산장려금 조례를 반대했다.

참고로 나는 무상교복 정책에 꾸준히 반대의견을 내왔다. 반대의 이유는 아이들의 교복에 돈 쓰는 것이 아까워서가 아니라 더 나은 방법이 있었기 때문이었다. 그게 무엇인지는 나의 의회 5분 발언을 통해 시민들에게 말씀드렸다.

이기인
2017년 9월 26일 · 🌐

<이재명시장님, 명단공개에 대한 법적대응이 아닌
허위사실 유포에 따른 법적대응입니다.>

1. 이 시장 페이스북에 '출산장려금 1억지원 조례를 추진하던 사람들'
이라며 제 실명을 기재한 것은 엄연한 허위사실. 출산장려금 1억 지원
조례 공동발의 제안을 받았을 때 단호히 거절했고, 지난 8월 의회 시
반대토론자로 나서 조례안 철회를 이끌어 냄. 위 사실을 뒤늦게 파악한
이 시장이 하루 반나절 만에 자신의 글 중 '출산장려금 1억 지원 조례
추진하던 사람들' 에서 '1억 지원 조례 추진하던 한국당 시의원들' 이라
며 은근슬쩍 게시글 수정, 허위사실 적시

2. '시의원이 시 정책을 반대할 수도 있고 시 정책반대가 나쁜짓이라고
생각하지 않는다'고 말한 이 시장은 지난 6월 자신의 sns에 본 의원을
가리켜 '무상교복 예산을 삭감한 의원' 이라며 '국민을 개.돼지로 여기
는 가짜 보수' 라고 지칭함. 앞 뒤 맞지 않는 엄연한 명예훼손

3. 이 시장 페이스북 및 블로그에 '무상교복 네 번째 부결한 성남시의
원들이십니다' 라는 제목을 붙여 상임위와 예결위 예비심사 결과를 공
개했는데, 이 시장이 올린 반대 리스트는 실제 본회의장 투표 결과와
다름. 그럼에도 지지자들로 하여금 '공개회의록'을 마치 무기명으로 진
행된 '투표 찬반 리스트'와 동일시 한 건 비약

* 시장님 부디 '정치질' 하지 말고 '정치'하십시오.

'의회는 시장 개인의 의견을 밀어붙이고 반대하는 사람의 의견을 짓뭉
개는 공간이 아닙니다.
제발, '찬성하냐, 반대하냐'가 아닌 '왜' 찬성하는지, '왜' 반대하는지에
귀를 기울여 주길 바랍니다.'

https://www.facebook.com/kiin.lee/posts/
1732398363498688

이기인이 밝힌 이재명 고소 이유, 무상교복 명단공개 때문이 아닌 허위사실유포

<< 성남시 무상교복에 대한 7가지 오해와 진실 >>

1. 무상으로 교복지급하는데 왜 반대해?
- (X) 교복을 지급하는게 아닌 통장으로 '현금' 입금
- 자비로 교복구입 의지가 있는 사람에게도 굳이 입금
- 입금한 돈으로 교복을 샀는지 확인하는 추후 정산 X,
  '주고 나면 땡'

2. 현금을 주면 발생되는 문제점은 뭐야?
- 본래 평균 교복매출원이 7~8만원
- 우리나라 교복시장의 75퍼센트가 소수
  공룡교복업체(2014. 민주당 토론회)
- 금액이 보장된 고정수요는 공급업체로 하여금
  교복가격상승 야기
- 교복문제의 본질은 교복거품인데 본질엔 다가가지
  못하고 현금만 지급하면 거품 위에 비눗방울 부는 격
- 돈만 받고 교복을 사지 않는 사례 발생

3. 법적 절차 완료했다는데?
- (X) 가장 중요한 문재인정부와의 협의 절차 미이행.
  (사회보장법 제26조)
- 이 절차를 이행하지 않으면 성남시가 지출한
  현금만큼 정부보조비용 '감액'
  (지방교부세법 시행령 제12조)
- 이 시장은 '협의'는 '승낙'이 아니라며 무작정 강행
  (그럼 그동안 법을 지킨 다른 도시는 뭐냐..)

4. 선별적으로 지급하면 '낙인효과' 우려되는데?
- (X) 아이를 칠판 앞으로 불러 세우듯 지급하는게
  아니라 개인별 별도 지급이기에 걱정 No

5. 선별 시 행정비용이 많이 든다는데?
- (X) 행정비용이 많이 든다고 주장하나 얼마나 많이
  드는지 마땅한 근거 제시 못함(아니 안함)

무상교복 논란 시 이기인이 예언한 문제_이기인 페이스북

==

사랑하는 100만 성남 시민 여러분 반갑습니다. 서현. 수내 시의원 이기인입니다.

시민 여러분, 좋은 정책이란 과연 무엇일까요? 지난달 11일, 경기도 남경필 도지사와 이재정 교육감은 '경기도 교육 연정'의 첫 사업으로 학생들의 '착한교복 입기'프로젝트를 시행하겠다고 밝혔습니다.

경기도교육청과 경기도청, 경기섬유산업연합회가 MOU를 맺어 중소기업의 생산 원단으로 만든 양질의 저렴한 '착한교복'을 보급하겠다는 내용입니다.

경기도는 이 사업이 전면 시행되면 기존보다 최대 40%까지 교복 가격이 낮아질 것으로 예상하고 있습니다.

이 정책을 두고 언론과 도민들은 큰 찬사를 보냈습니다. 학부모는 양질의 교복을 저렴하게 구매할 수 있으므로 교복구매의 부담을 줄일 수 있고 학생은 트렌드에 맞는 디자인으로 기호에 맞는 교복 선택의 기회를 놓치지 않으며 섬유생산업계는 고품질 저비용의 원단 공급으로 지역경제 활성화까지 도모할 수 있으니 칭찬을 듣는 것이 당연하지 않겠습니까?

저는 '착한교복'사업이야말로 세 마리 토끼를 한꺼번에 잡을 수 있는 좋은 정책이라고 생각합니다.

그러나 성남시는 무상산후조리원에 이어 이번엔 교복까지 무상으로 지원하겠다고 합니다. 이번 회기에 상정된 '교복지원에 관한 조례'가 바로 그것입니다.

조례를 살펴보니 무상교복조례는 무상산후조리원만큼이나 많은 문제점을 안고 있었습니다. 첫째, 특정업체의 독과점과 특혜시비입니다. 조례를 살펴보면 위원회를 구성해 교복제공업체를 직접 선정하도록 되어 있습니다. 조달청을 거치지 않은 민간 위원회의 직접 업체 선정은 특정업체와의 비위가 발생할 수 있고 업체와 위원 간의 사전 결탁 등을 미리 방지하기 어렵습니다.

지난 달, 약 15개월간 1억 5천여만 원의 시 보조금을 횡령하여 구속된 사회복지법인 보조금 횡령사건을 모두 알고 계시리라 생각합니다.

　이 사건은 각 단체나 업체의 보조금지원을 심의하는 민간위원회의 검증적 한계를 적나라하게 보여주고 있습니다. 현재 시행되고 있는 교육부의 교복 학교주관구매제를 보면, 이번 성남시 교복 지원에 관한 조례가 얼마나 많은 폐해를 초래할지 예측할 수 있습니다.

　둘째, 성급한 정책시행으로 인한 세금 낭비입니다. 한 해 동안 성남시가 지원하게 될 무상교복의 예산은 자그마치 27억입니다. 경기도의 착한교복 사업이 실시되면 기존의 교복보다 최대 40%까지 저렴하게 구매할 수 있게 됩니다. '착한교복'사업과 연계한다면 한 해 10억여 원의 세금을 아낄 수 있다는 말입니다.

　반값 세금으로도 양질의 교복을 무상으로 제공할 수 있는데 왜 그렇게 서두르는 것입니까? 이건 마치 50% 세일을 앞둔 물건을 제값을 주고 사는 어리석은 행위가 아닐 수 없습니다.

성난 시민

성남시민 여러분, 그리고 의원 여러분. 공짜 교복은 없습니다. 엄밀한 의미에서 무상도 없습니다. 세금이 교복의 재원이기에 세금은 말하지 않고 무상만 부르짖는 정치권의 선심이 있을 뿐입니다.

단체장이 선심성 무상 정책을 말할 때 정작 성남시의 행복지수는 얼마나 타락하고 있는지 알고 계십니까?

청렴도 47위, 성범죄 전국 3위, 음주운전 사고 전국 9위, 추락사고 사상자 도내 1위, 여성 미취업자 도내 2위, 전셋값 도내 2위, 노인 평균 자살자 도내 4위, 무상논란 속에 가려진 성남시의 민낯입니다.

우리가 낸 세금으로 우선하여 해결해야 할 문제는 바로 이런 것들이 아닐까요?

경청해주서서 감사합니다.

==

'무상시리즈'를 포함한 이재명표 정책들이 가진 한결같은 특징을 꼽자면 일단, 시민들에게 어떤 혜택이 돌아가는 것처럼 미리 홍보하고 예산에 대해서 자세히 이야기하지 않는다. 모라토리엄도 그랬고, '무상시리즈'도 그랬고, '청년 기본소득'도 그러했다. 적은 돈으로 어마어마한 혜택을 누릴 수 있는 것처럼 홍보하지만 실제로 들여다보면 다른 속셈이 있다. 그 사업들을 수행하는 업체들과의 결탁을 살펴봐야 한다. 이재명이 추진하는 정책의 사업권은 대부분 어떻게든 이재명과 관계가 닿아 있다. 그리고 그 안에서 어떤 거래가 이루어지는지 잘 드러나지 않다가 이제야 대장동 사태 등으로 드러나기 시작했다고 봐도 무방하다.

무상교복을 반대했던 나의 논리는 결국 무상이 아니라는 것이었다. 생각해보자. 국가에서 교복값만큼의 세금 지원을 보장해주면 당연히 교복업체들의 담합으로 이어진다. 지자체가 지원한 만큼 그 이상의 가격으로 상향하여 교복값을 형성할 것이 뻔했다. 너무나도 기초적인 시장의 원리였다. 이를 간파하고 꾸준히 반대해온 것이다. 그러다 보니 이재명은 나를 눈엣가시처럼 여겼다. SNS에 허위 사실을 공표하기 3개월 전에는 나를 가리켜 '무상교육 예산 삭감한 의원, 국민을 개돼지로 여기는 가짜 보수'라 칭하기도 했다.

그렇다면 이재명은 왜 이런 거짓말을 했을까?

우선, 이재명은 누구보다도 어둠을 잘 이용하는 사람이다. '입증할 수 없는'어둠의 순간들 속에서 자신만의 진실을 창조해내는 것이다. 여기서는 투표가 무기명으로 진행되었다는 것을 교묘하게 이용해 정적들에게 타격을 입히는 동시에 자신의 지지층을 결집하고 싶었을 것이다. 내가 기권했음에도 추경안이 부결된 것은 자신이 속한 더불어민주당에서 이탈표가 나온 탓인데 자신의 지지자들에게 야당 의원들을 공격하게 하고 여당 의원들에게 자신에게 반대하면 어떻게 되는지 보여주려는 생각도 있었을 것이다. 마치 두목이 교지를 내려 상대에게 조직적인 린치를 가하도록 하고 다른 부하들에게 배신의 대가가 무엇인지를 인지시키는 방식이다. 최근 더불어민주당에서 이재명 체포동의안에 가결한 의원들이 누군지 알 방법이 없지만, 그 틈을 이용해서 정적을 제거하는 데 활용하는 것과 비슷한 방식이다. 시장 때도 그러더니 당 대표가 되니까 '수박색출'이라는 이름으로 똑같은 짓을 하는 것이다.

조폭과 가까이 지내서 그런지 정치도 조폭처럼 한다.

더는 가만히 있을 수 없었다. 2017년 10월 20일, 나는 이재명 당시 성남시장을 허위 사실 유포에 따른 명예훼손 및 공직선거법상 허위사실공표죄 위반으로 고소했다. 고소장을 접수하니 이재명은 〈고발 즈음에.. 무상교복 부결 성남시의원 명단 재공개〉라며 글을 다시 올렸다. 거짓말을 사람들이 믿을 때까지 계속하면 그것이 진실이 된다고 생각하는 듯했다.

이재명은 2018년 지방선거를 통해 경기도지사가 되었고, 경찰은 그 후인 2018년 7월 4일이 되어서야 검찰에 송치했다. 이 과정에서 정보통신망 이용촉진 및 정보보호 등에 관한 법률 위반(명예훼손) 및 모욕죄 혐의는 '기소 의견'으로 송치했지만, 검찰은 최종적으로 불기소 처분을 내렸다. '이재명 시장의 못된 정치질을 단죄하겠다'라고 나선 호기가 씁쓸함이 되어 돌아온 사건이다.

이기인
2019년 12월 25일 · 🌐　　　　　　　　　　•••

지난 7대 의회 때, 이재명시장과 그놈의 무상교복으로 싸우면서 난 아래와 같이 주장했다.

"사적재화인 교복에 고정적으로 세금을 투입하면 업체의 담합을 야기할 수 있고 오히려 교복가격이 상승될 수 있다", "소수업체가 교복시장의 75% 이상을 과점하고 있는 상황에서 만들어진 가격 거품과 폭리, 담합 등은 외면한 채 그저 수요자에게 현금만 쥐어주는 것은 불공정한 교복시장을 용인하자는 것과 다름없다"

무상교복 현금살포 정책이 시행된지 2년. 당시에 주장했던 교복값 상승 우려가 지금의 교복시장에서 현실화 되고 있다.

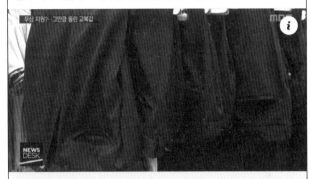

imnews.imbc.com
교복값 '지원' 했더니...그만큼 올려버린 교복 업체

이기인의 예언 적중_교복값 '지원'했더니.. 그만큼 올려버린 교복 업체_MBC 보도

스케이트장의 추억

※ 스포일러 주의

넷플릭스 드라마 〈하우스 오브 카드(The House of Cards)〉에서는 부통령 자리에 오른 프랭크 언더우드(케빈 스페이시)가 자기 손으로 직접 기자 조이 반즈(케이트 마라)를 살해하는 장면이 나온다. 모자를 푹 눌러쓴 채 사람들이 알아볼 수 없도록 코드 깃을 세운 프랭크는 지하철 CCTV 사각지대에서 조이를 만난다. 조이가 너무 많은 정보를 알려고 하자 조이를 유인해 지하철이 도착하는 타이밍에 맞춰 선로로 밀쳐버린 것이다. 한 정치인이 권력을 위해, 그리고 진실을 은폐하기 위해 살인까지 감행하는 장면으로 많은 이들에게 큰 충격을 주었다.

성남에서는 비슷하지만 아주 음습한 장면이 하나 있었다. 시장실을 비추는 CCTV를 통해 확인할 수 있는 장면이다. 야심한 밤, 모자를 푹 눌러쓴 누군가가 겨드랑이에 돌돌 만 포스터를 끼고 성남시장 비서실에서 나온다. 그리고는 '야외 스케이트장 예산 삭감에 따른 안내문'이라는 제목의 인쇄물을 스케이트장 대기실 유리 벽에 여러 장 붙였다. 인쇄물에는 "성남시의회 새누리당 의원들의 반대로 예산이 삭감되어 다음 겨울부터는 성남시청 야외스케이트장을 더 이상 이용할 수 없습니다"라는 내용이 담겼고, 밑에는 손 글씨로 '이덕수, 이제영, 이승연, 이기인'이라고 새누리당 의원들의 실명을 적어놓았다.

그리고 다음 날, 성남시장 이재명이 이 인쇄물의 사진을 찍어 자신의 SNS에 올렸다.

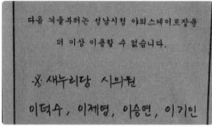

이재명 성남시장 @Jaemyun... ·10시간 ∨
<성남시청 스케이트장 사라질 운명>
새누리당 시의원들의 반대에 따른
예산삭감으로 이번이 마지막..성남시
명물이었는데 참으로 안타깝네요 시민의
힘으로만 되살릴 수 있습니다

다음 겨울부터는 성남시청 야외스케이트장을
더 이상 이용할 수 없습니다.

※ 새누리당 시의원
이덕수, 이제영, 이승연, 이기인

↩ 118   ↻ 1,036   ♥ 953   ✉

이재명이 올린 스케이트장 삭감 명단 대자보, 성남시의 자작극으로 밝혀졌다.

2017년 벌어진 '성남시 스케이트장 벽보 사건'이다.

성남시청 안 주차장에 연말마다 스케이트장이 크게 지어졌었다. 주차장 위에 지어진 것이어서 대형 행사와 맞물리면 큰일이었다. 접촉 사고가 일어나서 민원도 제기됐다. 스케이트장은 어린이 이용객이 많은 시설이다. 주차장은 차량의 이동이 많은 공간이다. 어린이들과 차량의 동선이 계속 겹치게 둔다면 사고가 날 것은 불 보듯 뻔한 문제였다. 그래서 내가 생각한 대안은 시청과 3분 거리에 시가 소유한 시유지나 LH가 가진 토지가 있으니 거기로 스케이트장을 확장 이전 하면 되는 거 아니냐는 것이었다.

그렇게 스케이트장을 다른 장소로 확장 이전하는 데 여야가 합의했다. 그 합의의 대상이 바로 '김용 시의원'이었다. 다소간의 의견 차이는 있었지만, 안전 문제에 관해선 여야 간에 이견이 전혀 없었기 때문에 별도의 표결도 거치지 않았다. 그 결과 시청 앞 스케이트장 예산이 삭감되고, 다른 지역에 설치하는 합의가 이뤄졌다. 관련 예산은 추후 추경 예산에서 반영하기로 합의했다.

그런데 뜬금없이 저런 벽보를 모자를 푹 눌러쓴 누군가가 CCTV를 통해 이재명 비서실에서 나와 붙이는 것을 확인했다. 또 그것을 이재명이 사진을 찍어, 저렇게 올린 것이다. 더 황당한 것은 저기에 내 이름이 올라가 있다는 것이다. 그렇다. 또 나다. 이쯤 되면 나한테 콤플렉스가 있는 것은 아닌가 하는 생각마저 든다.

이재명의 트위터 선동은 조직적으로 이루어진 것으로 보인다. 김용민을 비롯한 소위 진보 평론가들은 스케이트장 확장 이전을 '성남시청 야외스케이트장 폐쇄'로 둔갑시키고 여야가 합의한 것이 아니라 나를 포함한 당시 새누리당 시의원들을 시민들의 편의시설을 없앤 정치인들로 매도했다. 그리고 이름도 부끄럽기 짝이 없는 '손가락 혁명군'이라는 조직을 동원해서 거짓을 확대 재생산했다.

이게 거기에서 그치면 다행인데 저렇게 공격대상이 되면 이재명의 조직들로부터 문자폭탄이나 각종 살해 협박에 시달려야 한다. 한두 번 겪는 일도 아니고 이제는 익숙해질 때도 되었지만, 아직도 쉽지 않다. 그리고 이게 내 선에서 끝나면 다행인데 내 가족들까지 살해하겠다고 나서는 사람들이 있어서 걱정이 많이 된다. 상대는 조직폭력배들과도 오랜 연을 맺어왔고, 실제로 이재명과 관련 인사들이 세상을 뜨고 있지 않은가? 이재명의 눈 밖에 나면 죽을 수 있다는 공포. 이재명은 이러한 공포를 먹으면서 성장했다.

거짓선동 → 조직동원 → 정적제거. 지금도 적극적으로 활용되고 있는 이재명표 정치는 전혀 새롭지 않다. 상당히 고전적인 방식이지만 이재명만큼 그것을 잘 소화하는 사람이 대한민국에 없을 뿐이다. 윌리엄 골딩(William Golding)의 소설 〈파리 대왕〉[38]의 잭처럼 이재명은 거짓 혹은 환상이 만들어내는 공포를 자신의 도구로 활용할 줄 알기에 가능한 것이다. 기회를 포착하는 능력, 거짓을 만들어내는 능력, 조직을 동원하는 능력, 그리고 공포를 심어주는 능력. 이 모든 능력에서 최고 레벨을 찍어야 이재명처럼 할 수 있는 것이다. 〈하우스 오브 카드〉의 프랭크 언더우드가 저지른 범죄에 비하면 이재명이 저지른 범죄는 지질하기 짝이 없지만, 그 사악함은 이재명이 절대 뒤지지 않을 것이다.

하지만 히틀러가 그랬고, 스탈린이 그랬고, 프랭크 언더우드마저도 그랬듯. 그런 정치는 매우 안 좋은 모습으로 끝나게 되어있다. 물론, 그 정치를 끝내기 전까지 얼마나 더 많은 사람이 죽어야 할지는 알 수 없다. 하지만 두려움에 굴복해서는 안 된다. 미국 대통령 프랭클린 루스벨트가 일본의 진주만 공습 이후에 했던 말처럼 "우리가 두려워해야 할 것은 두려움 그 자체"일 것이다. 우리가 두려움에 굴복하지만 않는다면 언젠가는

---

38 〈파리대왕(Lord of the Flies)〉. 윌리엄 골딩의 1954년 소설로 무인도에 고립된 소년들이 야만적으로 타락해가는 과정을 그리고 있다. 골딩은 이 작품으로 1983년 노벨문학상을 수상하였다.

우리가 이 '파리 대왕[39]'으로부터 구원받는 날이 올 것이라 믿는다.

'이재명, 정치하면 안 된다고 생각' 이기인이 말한 성남 스케이트장 사건
_조선일보 기사

---

39 제목이기도 한 '파리 대왕'은 유대교, 기독교의 악마 바알세불을 의미하며, 막연한 공포와 인간에 내재한 악마성을 상징한다.

#1. 백현동에서 생긴 일

김인섭

대장동과 멀지 않은 곳에 백현동이라는 곳이 있다. 신분당선 판교역 인근지역과 남서울CC 골프장 인근 지역을 포함하는 곳이다.

과거 백현동에는 한국식품연구원이 자리 잡고 있었다. 하지만, 정부가 지역균형발전 정책의 하나로 공공기관의 대대적 지방 이전을 추진하면서 식품연구원도 전북 완주로 이전하게 되었다. 이에 따라 한국식품연구원은 2012년부터 용지 매각에 나섰지만, 번번이 불발되었다. 땅이 '자연·보전 녹지지역'으로 지정되어 있어 경제성이 떨어졌기 때문이다.

성난 시민

하지만, 그런 땅에 눈독을 들이는 자가 있었으니 아시아디벨로퍼의 정바울이란 사람이었다. 정바울은 땅의 용도만 변경되면 대박을 터뜨릴 개발사업이 가능하다는 것을 알고 있었다. 문제는 이재명이었다. 이재명은 한국식품연구원 부지를 산업기반시설 외 주거 용도로는 절대 허용하지 않겠다는 견해를 고수했기 때문이다. 오히려 판교테크노밸리 확대 발전 전략과 연계해 창작중소기업집적 또는 지식기반사업 연구개발단지로 활용하기 위해 성남시가 한국식품연구원 용지를 매입하고 공공 개발하는 방안을 추진하고 있었다.

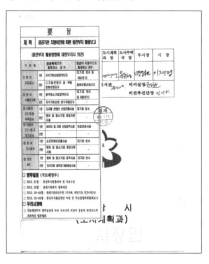

애초 이재명은 한국식품연구원의 부지를 지신기반사업 연구개발단지로 활용하려
했다는 증거 결재 공문

하지만, 이는 이재명만 어떻게 하면 해결될 문제이기도 했다. 정바울은 이재명의 마음을 돌리기 위해 이재명의 최측근 중 하나인 김인섭에게 접근했다. 김인섭은 2006년 성남시장 선거에서 이재명 후보의 선대본부장을 역임했고, 2008년 국회의원 선거에서는 이재명이 출마한 성남분당갑의 부위원장을 역임했으며, 이재명이 성남시장에 당선된 이후에는 이재명의 '비선실세'중 하나로 군림하며 각종 사업에 대한 인허가권뿐 아니라 성남시 공무원의 인사에도 영향력을 미치는 힘을 갖고 있었다. 성남시 공무원들 사이에서는 김인섭이 운영하던 '나로도 횟집'을 가지 않으면 승진이 어렵다고 할 정도였다. 앞서 유동규, 김용, 정진상도 이재명과 나로도 횟집에서 자주 만났다고 알려져 있다.

김인섭은 정바울에게 청탁의 대가로 200억을 요구했다. 개발사업 추진 과정에서 필요한 각종 인허가 사항 및 그밖에 사업 추진 과정에서 발생하는 문제점을 본인이 해결해주겠다고 한 것이다. 이 중 50%는 이재명과 정진상의 몫이라고 했다는 것이 검찰 측의 주장이다. 정바울은 이를 수락했고, 둘은 바로 작업에 들어갔다.

성난 시민

우선, 2014년 1월 한국식품연구원과 향후 용도지역 변경이 이뤄지면 그 소유 대지를 아시아디벨로퍼가 2,140억 원에 매수하기로 하는 내용의 '부동산 일괄매각 타당성 검토 및 매각 합의서(MOU)'를 체결했다. 2014년 4월 22일, 정바울은 한국식품연구원 명의로 성남시 담당 부서에 '주거 위주의 개발계획(주거 용지 87%, R&D 용지 13%)'과 함께 공공 기여 방안으로 'R&D 용지 전체 기부채납, 전 세대 민간임대주택 공급'을 제시하며 한국식품연구원 부지의 용도지역을 자연 · 보전 녹지지역에서 아파트를 건설할 수 있는 '제2종일반주거지역'으로 변경해 달라고 요청한다.

하지만 성남시 담당부서는 이를 주거 용도 위주의 개발계획이라는 이유로 반려했다.

정바울은 성남시 입맛에 맞는 개발 방식으로 조건을 추가해나갔다. 2014년 9월, 처음으로 보낸 개발계획에 '공공성 확보를 위해 공사와 민관 합동개발 방식으로 사업을 추진하겠다'라는 내용을 추가해서 다시 요청했다. 그러나 담당부서는 같은 이유로 또 한 차례 반려했다. 사실 담당부서는 힘이 없었다. 식품연구원 용지 같은 규모 있는 개발은 이재명과 정진상의 손을 꼭 거쳐야만 했을 것이다.

하지만, 이때 나선 이가 정진상이다. 김인섭과 정진상은 상당히 친밀한 관계였다. 2014년 4월부터 1년간 100차례가 넘게 통화했을 정도이니 비즈니스 관계가 아니라면 더 내밀한 사적 관계가 아닌가 의심이 될 정도. 정진상은 2014년 11월께 용도지역 변경 업무를 담당하는 성남시 담당 부서 소속 팀장을 만나 "인섭이 형이 백현동 개발사업을 하려고 하므로 잘 챙겨 줘야 한다"라고 말하며 압력을 행사했다고 한다. 담당 공무원은 여러 차례 반대 의사를 전달했지만, 인사상 불이익이 두려워 결국 정바울에게 아파트를 건설할 주거 용지와 R&D 용지 비율을 6 대 4로 하면 받아주겠다는 취지로 말을 해줬다고 한다. 정바울은 이러한 조언에 따라 2015년 1월 초순까지 세 차례 요청을 보냈고, 여기에는 민관 합동개발 방식으로 추진한다는 조건도 들어가 있었다.[40]

식품연구원도 정바울의 요청에 대해 지원사격에 나섰다. 2014년 9월, 연구원은 성남시에 '한국식품연구원 종전부지 도

---

40 정바울에 의하면 김인섭이 상갓집에서 이재명을 만나 이러한 변화를 끌어 낸 것이라고 이야기했다고 하는데, 신빙성 여부는 알 수 없다.

시관리계획 결정(변경) 협조 재요청'공문을 보냈다. 이 공문은 2014년 8월 성남시 주거환경과가 연구원 측에 보낸 공문에 대한 답변이다. 성남시는 먼저 연구원 측에 "용도지역 변경을 통한 사업성 확보로 민간 매각이 가능하고 경기도 종합계획과 우리 시 도시기본계획이 적극 반영되는 방안으로 재검토"할 것을 회신했다. 이에 연구원은 "성남도시개발공사"와 공동의 사업추진 조건을 부여하여 사업의 공공성을 확보하도록 하겠다는 공문을 보낸다.

쉽게 정리하자면, 용도를 변경해서 땅이 잘 팔리면 성남도시개발공사와의 공동 사업을 통해 성남시에 최대한 이익이 돌아갈 수 있도록 할 테니 제발 좀 사업을 승인해달라는 이야기였다.

하지만 수백억의 로비자금을 약속한 정바울의 입장에서 이는 상당히 불만족스러운 상황이었다. 200억을 주고 나면 별로 남는 게 없을 정도로 수익성이 떨어졌기 때문이다. 민간업자의 처지에서 사업성을 극대화하기 위해서는 몇 가지 작업이 필요했다. R&D 용지, 즉 사업자 측면에서 봤을 때 돈이 되지 않은 연구부지를 모조리 주거 용지로 바꿔야 했고, 가급적 임대주택의 비율을 줄여야 했으며, 민관합동 개발 방식을 민영개발로 전환해야 했다.

한국식품연구원 종전 부지 도시관리계획결정(변경) 협조 재요청 공문

이제 여기서부터 본격적으로 김인섭이 마법을 부렸다. 대체
어떻게 했는지는 모르지만, '인섭이 형이 하는 일'이라는 이유
로 유동규의 성남도시개발공사가 민관합동 개발을 포기하게
했다. 정바울의 3차 요청공문을 접수한 성남시 주거환경과로
부터 내용을 보고받은 이재명은 민간임대아파트 1,000여 세대
를 짓겠다는 개발계획을 승인함과 동시에 R&D 용지와 주거

용지 구분 없이 한국식품연구원 부지 전체를 자연·보전 녹지지역에서 2단계 높은 '제 2종일반주거지역'이 아닌, 무려 4단계나 높은 '준주거지역'으로 수직 상향하는 변경을 추진하라고 지시했다. 게다가 2016년 1월에는 아파트의 임대주택 비율을 100%에서 10%로 줄이는 변경안까지 결재했다. 정바울과 김인섭 입장에서는 이보다 더 좋을 순 없었다. 정바울이 요청하지도 않았는데 알아서 사업수익을 극대화할 수 있는 모든 조치를 해준 것이다. 그리고 그 과정에서 시市에서 얻을 수 있는 수익도 포기했다.

더 크고 넓은 건물을 지을 수 있도록 용도를 바꿔주는 것부터 성남시와의 공동 사업을 자진 포기하는 결정까지. 법조계와 일각에선 배임의 소지가 크다고 지적한다. 놀라운 건 이와 관련한 대부분의 일이 김인섭이 2015년 다른 알선수재 사건으로 1년간 수감생활을 하는 와중에 일어났다는 것이다. 옥중에서도 백현동 사업의 중심 역할을 하며 민간업자들이 최대한 이익을 가져갈 수 있는 구조를 완성해냈으니 대단하다고 하지 않을 수 없다. 김인섭이 감옥에 있는 동안 그의 옥중서신을 전달하던 26년 지기 김진성은 이재명의 검찰 사칭 사건 위증교

사혐의의 핵심인물로 현재 조사를 받고 있다.[41]

김인섭은 정바울에게 몰아준 이익에서 자신의 몫을 알뜰살 뜰하게 챙겼다. 77억의 금품뿐 아니라 5억 원 상당의 함바집 운영권까지 가져갔다고 한다. 200억을 요구했으니 200억을 어 떻게든 다 가져가려고 설계를 했을 거다. 3,000억의 개발수익 을 안겨줬으니 200억을 요구하는 것이 그렇게 무리한 요구가 아니었을 것이다. 그것을 받아서 어디에 썼는지, 정말 50%가 이재명/정진상에게 갔는지 밝히는 것은 수사기관과 사법부의 몫이다.

하지만, 시가 많은 것을 포기하면서까지 민간업자, 그것도 자신의 최측근으로 분류되는 인물을 전폭적으로 지원한 행위 에 대해서 시장의 책임이 없다고 주장하는 이재명의 주장이 얼마나 설득력이 있을지는 의문이다. 이 모든 것들이 박근혜 정부 국토부의 협박 때문이라고 주장한 것까지 포함해서 말이 다.

---

41 2018년 12월경 김병량 시장의 수행비서였던 김진성에게 여러 차례 전화 를 걸어 '이재명을 주범으로 몰기로 방송국과 김병량 시장 간의 밀약이 있었 다'라는 식으로 위증해 이재명의 무죄선고를 이끈 혐의다.

국 토 교 통 부

수신 성남시장

(경유)

제목 종전부동산 매각 관련 협조 요청(한국식품연구원)

    1. 공공기관 지방이전 및 혁신도시 건설 촉진을 위한 종전부동산 매각 관련입니다.

    2. 정부는 국가 균형발전을 위하여 「국가균형발전 특별법」 및 「공공기관 지방이전에 따른 혁신도시 건설 및 지원에 관한 특별법(이하 혁특법)」에 따라 공공기관의 지방이전 및 종전부동산 매각을 추진 중에 있습니다.

    3. 성남시에 소재한 한국식품연구원은 「혁특법」에 따라 지방이전을 추진하고 있으나 종전부동산의 매각이 지연되고 있어 이전에 차질을 빚고 있는 바, 공공기관 지방이전 사업이 국가정책 사업임을 감안하여 한국식품연구원 종전부동산이 조속히 매각 및 활용될 수 있도록 귀 기관에서는 용도변경 등을 적극적으로 협조·지원해주시기 바랍니다. 끝.

국토교통부장관

행정사무관 박애지   과장 박근호   기획국장 정승희   전결 2014. 10. 1.

협조자

시행 종전부동산기획과-1308 (2014. 10. 1.)   접수 정책기획과-13033 (2014. 10. 2.)

당신은 이 공문이 국토부의 협박으로 보이는가

안전의 민주화

성남에는 군사 공항이 있어서 건물을 일정 고도 이상 지을 수 없다고 하는 '고도제한'이 설정되어 있다. 이 규제로 인해서 성남의 많은 언덕 위 건물의 개발이 제한되는 부분들이 존재한다. 정바울이 개발하게 된 백현동 한국식품연구원 부지도 준주거지로 4단계나 상향 조정되면서 용적률이 316%로 높아졌지만, 산 앞에 자리 잡고 있었기 때문에[42] 주어진 용적률을 다 못 쓰게 된 상태였다.

하지만 정바울은 수익성을 포기하지 못했다. 그래서 떠올린

---

42 애초에 이 부지가 '녹지'로 지정되어 개발이 제한되었던 것도 이 때문이다.

성난 시민

방법이 산을 깎아서 옹벽을 설치하고, 그 아래에 최대한 높은 건물을 올릴 수 있게 하는 것이었다. 정바울은 땅을 30m가량 깊게 파고 산을 수직으로 깎아 '거대 옹벽'을 만들겠다는 계획을 세웠다. 이렇게 세워진 옹벽은 높이 50m, 길이 300m에 달하는 아주 기형적인 형태였다.

백현동 옹벽 사진 (1)

백현동 옹벽 사진 (2)

백현동 옹벽 사진 (3)

백현동 옹벽 사진 (4)

산지관리법에서 옹벽 높이를 15m 이하로 엄격히 제한하고 있기에 환경부는 우려를 표했다. 환경부가 보낸 전략환경영향평가서 관련 문건에는 다음과 같은 표현들이 등장한다.

"금번 계획에 따라 추진되면 과다한 '절토사면 cut-slope. 도로 비탈면에 생긴 땅깎기 비탈면.'으로 인해 재해(사면 붕괴 등) 발생이 우려되오니 승인기관(성남시)에서는 재해가 발생하지 않도록 사전에 검토하여 조치하여야 함"

"사업지구 북측에 계획된 공동주택 중 근린공원 쪽 옹벽과 인접한 5개 동은 '차폐감'등이 우려되는바, 쾌적한 주거환경 조성을 위해 저감방안을 수립하거나 공동주택을 축소 조정하는 것이 바람직할 것."

"향후 실시계획 수립 시 일조권 수인한도를 만족하여야 한다는 것과, 이를 만족시키지 못했을 때 대한 구체적인 조치방안을 지구단위계획에 명시하고 이행하여야 한다."

환경부는 백현동의 거대한 옹벽의 안전 문제에 대한 심각한 우려를 표한 것이다. 거대한 옹벽에 가려 햇빛도 들지 않고, 숨막히는 환경을 조성한 것에 대한 지적은 덤이다.

성남시 건축위원회에서도 이 옹벽이 문제가 되었다. 2017년 열린 성남시 제5차 건축위원회에서는 우려의 목소리가 나왔다.
한 위원은 "옹벽 부분의 안전성에 문제가 있는 부지인데, 상식적으로 이해가 안 되는 총체적으로 부실한 심의"라며 "시민의 생명과 관련된 안전 문제이므로, 옹벽 안전성에 대해 문제가 없다고 확인될 때까지는 재검토가 필요하다"라고 주장했다.

또 다른 위원은 "사업지에 가보면 인접 R&D 센터 공사장이 있는데 경사가 심하고 이 공동주택 용지는 경사가 더 급하게 형성될 것이기 때문에 안정성은 중요한 문제인데 두 분만 검토를 한 것은 문제가 있는 심의"라고 지적했다. "배면의 옹벽이 상당히 높아 일반인들도 문제를 지적하는 상황에서 안전성에 대해 명확한 해명이 되지 않은 채 심의를 통과하게 되면 위원회와 위원 모두에게 책임이 있으므로 명쾌한 설명과 함께 행정감사, 확인을 거쳐 통과시켰으면 한다"라는 주장도 있었다.

하지만 결국 14명의 참석 위원 가운데 8명의 조건부 의결 찬성, 1명의 재심의 의결 찬성, 5명의 기권으로 재심의가 다수결로 의결되었다. 여기서 조건부란 옹벽에 대해 30년간 ▶위험계측 ▶평시 안전성 유지를 위한 관리 ▶천재지변 등으로 위험 발생 시 즉시 대처하는 것을 내용으로 하는 유지관리계획을 제출 및 약속받는 조건부 승인이었다. 하지만 정바울은 막상 준공 시점이 되자 '우리는 그럴 의무가 없다'라는 식으로 나오면서 성남시의 옹벽 관련 보완 요구를 거절했고, 지금의 위험천만한 옹벽이 만들어지게 된 것이다. 이는 입주민들의 안전을 볼모로 사업이익을 극대화해준 특혜 행정의 표본이라고밖에는 볼 수 없다.

이뿐만이 아니다. 이런 옹벽을 세울 때는 정확한 지질조사와 계측관리로 안전성을 담보하게 되어있다. 특히나 백현동의 옹벽 지대는 전형적인 편마암^{변성암의 일종} 지대로서 점토가 충전된 단층들이 많이 발달해 붕괴 요소가 있는 지형이고, 2018년 붕괴한 서울의 상도 유치원 옹벽 지대와 지질구조가 매우 유사하다. 안전을 담보하기 위해 1,000여 개의 어스앵커[43], 강봉鋼棒을 박아 지반을 고정하고, 습도나 진동, 침하, 경사 등을 자동이든 수동이든 측정할 수 있는 기계들도 294개 정도 함께 설치하기로 약속이 되어있었기에 정바울은 승인을 받을 수 있었다.

하지만, 이 1,000개의 앵커는 강봉도 아닌 취약한 강연으로 만들어진 데다가 앵커를 박아놓고 묻어버려서 이 앵커들이 인

---

43 어스앵커(Earth Anchor). 흙막이벽의 배면토(암반이나 토사지반)속에 고강도 강선 또는 강봉을 그라우트체에 삽입 후 지반에 정착하여 강선 및 강봉의 인발저항으로 배면토압과 수압에 저항하는 구조체를 말한다.

장력을 잘 발휘하고 있는지, 휘지는 않았는지, 부식 정도는 어떤지 확인이 안 된다. 그러면 계측관리 기계를 잘 설치해서 계측이라도 잘 돼야 하는데, 계획된 294개 중 10여 개만을 설치해 전혀 관리가 이루어지지 못하고 있다. 그리고 이 계측관리 기계들의 존재마저도 주민들은 모르고 있었다. 관리사무소와 주민들에게 이 계측관리 기계들에 대해 질문하자 "계측관리요? 그게 뭐예요?"라고 답할 정도다.

현재 백현동의 이 거대 옹벽이 어떤 상태에 있는지, 앞으로 상황이 안 좋아졌을 때, 어떻게 대응할 것인지에 대해서 '알 수 없다'라고 밖에는 할 수 있는 말이 없다. 수익에 눈이 멀어 법을 어기고, 말도 안 되는 공사를 엉터리 심사를 기준으로 '표결'처리하는 것이 과연 합당한 것인지에 대해 생각해볼 필요가 있다. 안전도 민주적으로 결정할 수 있는 영역에 해당하는가? 당신의 안전을 누군가가 표결로 결정한다면 받아들일 수 있을까?

문제의 회의록

==

【분당구 백현동 516번지 구조안전심의 회의록】

부위원장 : 제13호 안건 분당구 백현동 516번지 구조안전 재
  심의건을 상정하겠습니다.

(건축 관계자 입장)

부위원장 : 이 건은 구조안전심의이므로 구조에 관한 의견을
  말씀해주시기를 바라며 다른 사항은 자제해 주시기
  바랍니다.
  건축 관계자는 위원님들 질문하시기 바랍니다.

○ ○ ○ : 옥상의 화단하중을 고정하중으로 보고 지진하중을
  계산해서 변경 전후를 비교해서 제출하라고 의견을
  제시했었는데 티피컬 층에 Story weight가 변경 전·
  후가 다르므로 재확인 바람
  강연선 어스앵커의 부식에 대한 재검토 의견을 제시

성난 시민

했었는데 시공성을 고려해서 강연선을 사용해야 한다면 영구 Anchor부위의 강재부식 검토 식에서 강연선과 강봉은 재료물성이 다르므로 강봉에 대한 부식검토식을 강연선에 적용하여 계산하는 것에 대해 재검토하여 강연선에 대한 부식 계산식을 찾아야 할 것임

토목관계자 : 강연선에 대해서는 일차피복을 하고 외부에 콘크리트 피복을 하기 때문에 부식에 대해서는 걱정되지 않음

○ ○ ○ : 현장에 시공될 어스앵커는 노출이 되는 것이 아니고 콘크리트에 묻혀버리는 것인데 이런 경우 내부에서 어떤 영향을 받는지 알 수가 없음
전체 어스앵커 개소수는?

토목관계자 : 약 1,000공 정도임

○ ○ ○ : 1,000공에 대해 전체 계측관리를 할 수 있는지?

토목관계자 : 개별 계측관리는 현실적으로 불가능하고, 대안

으로 앵커 기능의 결함이 발생하게 되면 옹벽 배면에 이상징후가 발생하게 되므로 배면에 수동과 자동식의 계측기를 설치하여 관리할 계획이고 계측이상 징후가 있다면 앵커에 부식여부를 판단해 보겠음

○ ○ ○ : 부식에 대한 검토식은 제시하기 바람

토목관계자 : 확인해 보겠음

○ ○ ○ : 보고서 10페이지에 사면 안전성과 영구 앵커에 대하여는 지반공학회라는 별도의 전문기관에서 해당 설계의 적정성 및 안전성에 대한 자문을 받아 진행하였음이라고 하고 별도제출이라고 했는데 제출했는지?

(심의장에 비치된 "지반공학회 보고서" ○ ○ ○ 위원에게 전달)

○ ○ ○ : 지반공학회에서 전문가들이 이 건에 대해서 4개월 정도 검토를 했고 제가 보고서를 내용을 확인했는데

제가 당초에 지적했던 부분이 모두 보완이 되어 있
었음

당초에 가장 걱정했던 부분인 배면의 배수처리를 배
수로 공사, 공사중 침사지설치, 사방계획을 검토하
라는 것이였는데 대부분 보완이 되었음

○ ○ ○ : 구조안전성심의대상이고 대지의 경사, 레벨차, 토목
옹벽과의 관계등 복잡한 관계가 있으니 원 구조설계
자가 감리자로 참여하기 바람

○ ○ ○ : 한국식품연구원 부지는 본인의 지역구임
종전 심의때는 제가 참여를 하지 못하였고 오늘 참
석하였는데 위원님들께 드릴 말씀이 있음

부위원장 : 위원님들간의 의견은 관계자 퇴장 이후에 하여 주
시고, 건축관계자에게 질문하시기 바람

○ ○ ○ : 구조는 잘 모르지만 앵커를 모두 계측할 수는 없으
니 옹벽을 계측관리하겠다고 했는데 만일 이상이 있
으면 어떻게 할 것인지?

토목관계자 : 일단 이상의 원인이 지하수위와 관계된 것인지 암반의 절리로 인한 것인지 파악하고 원인에 맞는 보강대책을 수립할 것임

○ ○ ○ : 보강계획이 무엇인가?

토목관계자 : 절리면을 보강해 주는 그라우팅 공법 등이 있음

○ ○ ○ : 후면 산위에서 공사가 되는 것인지?

토목관계자 : 그렇습니다.

○ ○ ○ : 보강을 위해 단지내에서 옹벽에 앵커를 더 할 가능성은?

토목관계자 : 앵커부분은 설계에 있어 필요한 앵커가 2개라면 4개를 설치하는 것으로 설계를 하여 안전율을 100%로 한 것이고 앵커 한, 두 군데 이상이 발생하더라도 충분히 안전할 수 있도록 설계한 사항임.

성난 시민

(건축관계자 퇴장)

부위원장 : (○ ○ ○ 위원 발언권 부여)

○ ○ ○ : 본인은 법 전공자이고 건축은 잘 모름

　　　　(해당부지는) 한국식품원연구원을 지방이전하면서 국
토부의 의견을 반영하여 성남시 최초로 보전녹지를
준주거로 용도변경한 특혜 건이며 출,퇴근시 교통문
제가 있어 시정질문까지 하였으나 답을 듣지 못했음
공기업을 이전한 부지로 공공성차원에서 마련된 부
지이므로 공익적 차원에서 임대아파트가 계획되었
는데 갑자기 사업자를 위한 분양사업이 되었음
주민들 중에 전문건축가, 교통영향평가사가 있어 그
분들께 들은 바로 우회도로와 관련하여 교통영향평
가에 문제가 있고, 암반의 안정성에 대한 문제를 지
적하고 있으며 사업시행자가 R&D부지를 기부채납
했다고 하는데 쓸모없는 보전임야를 기부채납을 하
였음
구조안전심의라고 해서 구조분야만 다루지 말고 전
문가로서 이 시설이 잘 못된 것이 없는지 심사숙고

하여 구조심의를 판단하여 주실 것을 당부함

부위원장 : 용도지역 변경사항은 도시건축공동위원회심의를
　　　　　 받은 사항이며, 교통영향평가도 심의를 받은 사항
　　　　　 임
　　　　　 지난 번 구조심의에서 지적사항이 있어 재심의하는
　　　　　 사항이므로 이 부분에 대하여 기술적으로 종합 판
　　　　　 단하여 주시기 바람

○ ○ ○ : 전번 심의에서 조건이 많아 재검토의결이 되었는
　　　　 데 금번 심의도서에는 대부분 반영을 해 와서 추가
　　　　 로 2가지만 지적했는데 이 정도면 조건부의결해야지
　　　　 재검토의결할 만한 사안은 아니라고 판단됨

○ ○ ○ : 지반공학회 보고서는 구조하고 토목분야 위원님들
　　　　 에게 배부된 것 같음

○ ○ ○ : 어스앵커 강선의 부식문제는 강선을 피복을 하기 때
　　　　 문에 문제가 될 것 같지는 않고 앵커설치 후 인장시
　　　　 험을 하여 잭킹포스가 얼마인지 확인하여 안전을 확

성난 시민

인함

저도 지반공학회 회장을 역임했었는데 지반공학회에 이러한 용역이 의뢰되면 5-6명의 전문가들이 4개월이상 회의를 하여 검토하는 것으로 지적했던 부분에 대해서는 다 검토가 되었으며,

우리나라에서 토질, 암반 분야에 대해서는 지반공학회가 가장 신뢰할 수 있는 단체이므로 학회의 의견은 부정하기 어려우므로 이 건에 대해서는 조건부 통과했으면 함

○ ○ ○ : 위원 두분은 보고서를 받아 검토했지만 다른 위원님들은 검토를 못 했으므로 최종보고서를 다른 분들도 검토를 해야 될 것 같음

사업지에 가보시면 인접 R&D센터 공사장이 있는데 경사가 심하고 이 공동주택 부지는 경사가 더 급하게 형성될 것임

안정성은 중요한 문제인데 두 분만 검토를 한 것은 문제가 있는 심의임

○ ○ ○ : 전반적인 공동심의를 진행하고 있기는 하지만 건축

계획위원들이나 교통분야위원들이 구조나 굴토의 전문적인 수치 보고서가 전달되었을 때 (건축계획위원들이) 보고서를 이해할 수 있는 전문성을 가지고 있지는 않고,

마찬가지로 건축계획분야위원들이 어떤 공간계획에 대한 의견을 제시할 때 구조, 굴토분야위원님들이 구체적으로 검토할 능력은 없을 것이며 서로 상호 보완적 관계에 있는 것임

그러므로 (토목보고서를) 토목위원님들이 검토하는 것은 타당하다고 보임

○ ○ ○ : 구조위원에게 질문을 드리면 지반공학회 보고서가 흙막이 굴착 안전성하고 옹벽의 안전성에 관한 것인데 같은 것인지?

○ ○ ○ : 같은 내용임

○ ○ ○ : 배면처리가 통상적인 사면처리가 아닌 수직굴토후 영구식앵커를 설치하는 것으로 되어 있어 영구식앵커의 구조적 수명문제를 지적했던 부분임

○ ○ ○ : 이 보고서안에 앵커에 대한 계산내용이 들어 있나요?

○ ○ ○ : 그렇습니다. 앵커의 수명문제를 제가 지적했는데 강봉과 달리 강연선은 가는철선을 꼬아서 만든 것으로 피복을 한다고 해도 부식이 우려되는 것으로 추가적으로 부식에 대한 산출식을 만들어 보라는 것임

○ ○ ○ : 앵커에 문제가 생겨 옹벽이 약간이라도 기울어지게 되면 공원위에 올라가서 절리된 부분에 그라우팅을 하겠다는 것으로 보임

○ ○ ○ : 지금까지 앵커시공을 해서 강선 때문에 문제된 사례는 거의 없음
KTX철도에 보면 굴착면이 깊은데 어스앵커에 영구계측기를 설치하여 관리함

○ ○ ○ : KTX는 공간으로 된 구조 아닌가요?

○ ○ ○ : 오픈 컷팅 구간임

○ ○ ○ : (지반공학회) 보고서 결론부 56페이지에 "외적안정에 대하여는 전체 흙막이 구조물의 외적안전의 정확한 설계기준을 정의할 수 없다"이는 외적안전의 설계기준도 없이 설계를 할 수 있는 것인지?

더불어, 연구보고서가 학회장이 거의 혼자 연구한 것 같고 참여연구원은 환경기후변화센터에 소속된 분임

○ ○ ○ : 보고서상에 기재된 연구원수와 실제 연구참여 수는 다름

○ ○ ○ : 건축심의에 있어 무성의하게 자료를 제출하고 안전성이 계속 지적이 되어 위원들간에 상반된 의견이 있고, 배면의 옹벽이 상당히 높아 일반인들도 문제를 지적을 하고 있는 이런 상황에서 안전성에 대해 명확한 해명이 되지 않은 상태에서 심의를 통과하게 되면 위원회 위원 모두와 제가 책임에 있으므로 명쾌한 설명, 행감, 확인을 거쳐서 통과 시켰으면 함

부위원장 : (심사결과 처리에 대한 의결방법 물음)

성난 시민

○ ○ ○ : 이 건은 구조안전성심의인데 건축구조물에 대해서는 별 문제가 없고 토목 가시설에 대한 것이므로 구조안전심의에 다룰 부분이 아니고 토목구조부분에 대해서는 별도로 심의를 하시든지 하였으면 함

부위원장 : 도시건축공동위원회 등 이전 심의에서 이미 다 심의한 것으로 토목구조에 대해서 별도로 심의할 수 없으며, 지난 번 굴토계획심의때 구조안전에 대한 지적이 있어 다시 한번 검토를 해보자는 취지에서 구조안전심의를 한 것임 금번 구조안전심의에서는 토목옹벽구조를 포함하여 구조를 종합적으로 검토하여 주시기 바람

○ ○ ○ : 별도로 확인해 본 바에 따르면 도시건축공동위원회에서는 이 부분에 대해별다른 지적을 한 부분이 없었음
도시건축공동위원회 심의를 거쳐다 하더라도 심의가 부실하였다고 보여지고, 교통영향평가도 부실하게 처리되었으며 건축구조심의도 옹벽부분의 안전성에 문제가 있는 이 부지인데 제가 보기에는 상식

적으로 이해가 안 되는 총체적으로 부실한 심의임

옹벽 안전성에 문제가 있고 성남도 지진이 있을 수
있음

시민의 생명과 관련된 안전문제이므로 옹벽 안전성
에 대해 문제가 없다고 확인될 때까지는 다시 재검
토가 필요하다고 생각함

○ ○ ○ : 별도보고서에 대해서는 전문분야 위원님이 검토를
하였음

본인은 계획전공이고 그 보고서 받아 보아도 잘 모
름

위원회에 참석하신 위원님들이 각자의 분야가 다른
데 구조분야에 대해서는 구조분야의 위원이 검토하
는 것이 타당할 것임

본인이 해당자료(지반공학회 보고서)를 받아 보아도 검
토하기 곤란하고 전문분야 위원님이 검토를 한 사항
이며 몇 가지 추가적인 조건이 제시되었으니 조건부
로 통과하고 조건사항의 이행여부는 조건을 주신 전
문분야위원님들에게 다시 확인하도록 하였으면 함

전공분야 외의 위원이 자료를 본다고 해도 해당 전

문분야의 위원님의 의견을 따를 수 밖에 없음

○ ○ ○ : (지반공학회 보고서 상) 외적인 설계기준 자체가 없다는
내용이 있는데 이 보고서를 신뢰하고 처리할 수 있
습니까?

○ ○ ○ : 외적인 문제와 내적인 문제는 다른 것임
외적인 문제는 외부에서 일어나는 사건에 의한 것으
로 이 부분에 대한 설계기준은 존재하지 않음
토목분야의 위원으로서 이 건에 대해 지난번 심의
때 이미 지적을 많이 하였고 지적된 부분이 다 보완
이 되었으므로 더 이상 지적할 부분이 없음

부위원장 : 전문분야 위원님들이 조건부로 의결 의견을 주셨는
데 다른 의견이 있으신가요?

위 원 들 : 없습니다.

○ ○ ○ : 조건부의결는 반대합니다. 이런 식으로 심의는 곤란
함

부위원장 : 그럼 표결할까요?

위 원 들 : 그렇게 하시죠

부위원장 : 그럼 표결하겠습니다.

(표결 진행)

- 참석위원 : 14명

(부위원장, ○○○, ○○○, ○○○, ○○○, ○○○, ○○○,

○○○, ○ ○, ○○○, ○○○, ○○○, ○○○, ○○○)

- 조건부의결 찬성 : 8명

- 재심의의결 찬성 : 1명

- 기   권   : 5명

> 참석위원중 8명이 조건부의결에 찬성하여 제13호
> 안건 분당구 백현동 516번지 구조안전성 심의는 위
> 원님들의 지적사항 및 실무부서 검토의견을 조건으
> 로하여 조건부의결되었음을 선포함

성난 시민

○ ○ ○ : 위원님들이 8대 1로 조건부 의결하신 내용에 대해
서는 받아들이겠지만
심의도서 10페이지 별도 제출자료에 대해서 명쾌한
검증이 되는 조건으로 조건부의결되어야 함

○ ○ ○ : 본인도 보고서를 받아 보아도 수치나 자료를 검증할
수 없으며 그럼에도 검토를 하라면 보고서의 신뢰도
에 대해서 확인해 볼 수 있을 것임
예를 들어 참여전문가가 지명도가 있는 전문가들이
보고서에 참여 했는 지를 확인하는 정도임
절충안으로 여기에 전문가들이 별도의 위원회를 구
성해서 검증을 하는 것으로 했으면 함
보고서 작성에 참여한 분의 면면이 보아야 하고 기
후학변화연구센터에 근무하는 분은 이 분야와 관련
이 있는 것인지?

○ ○ ○ : 기후학변화연구센터는 지반공학회 산하 기관임

부위원장 : 보고서상 명기된 연구원이 두 분인데 보고서에 참
여 연구원에 대해서는 별도롤 확인해 보도록 하겠음

○ ○ ○ : 판교신도시에 거주하는 이 분야의 전문가는 "'이 부
지에 암반을 깨고 절벽에 아파트는 못 지을 것입니
다'라고 하여 심의에 참여했음

조건부의결 내용은 안전성과 관련된 부분이므로 이
부분에 대한 조건을 분명히 하여야 할 것임

금번 6월 의회 행정사무감사에서 그 당시 국장, 과
장, 지구단위계획팀장 출석 요구하였음

심의 이후에도 조건부의결되었다고 하더라도 이 부
분은 안전성과 관련된 내용이므로 계속 다루도록 하
겠음

부위원장 : 알겠습니다.

==

안전 x 민주주의 = 돈?

분당과 수서를 연결하는 고속화도로인 분당수서로는 1996년에 개통하여 하루에만 18만 대의 차량이 지나가는 길이다. 워낙 많은 차량이 이 길을 이용하고, 도로 양옆으로 아파트 단지가 붙어있다 보니 이 지역 주민들은 소음과 분진으로 오랜 기간 고통받아왔다. 결국, 2007년 성남시에서는 분당수서로를 지하화하는 계획을 세우게 되었다.

하지만 2010년 이재명이 성남시장이 되고서 이 계획이 틀어졌다. 지하화 작업에는 물리적으로 큰 비용과 시간이 투자될 수밖에 없기에 대신 방음벽을 짓거나, 방음터널을 짓거나, 방음터널을 짓고 그 위에 녹지공원을 짓거나, 복개터널을 짓거나 하는 4가지 안을 검토한 끝에 방음터널을 짓고 그 위에 녹지공원을 만드는 안이 최종 선정되었다. 이를 이른바 '녹지공원화 계획'이라고 한다.

이에 따라 성남시에서는 어떤 공법을 적용하여 공사를 추진할 것인가에 대해 결정해야 했다. 실제로 성남시에서 검토 후에 적용한 공법은 두 가지다. 한 가지 공법은 거더공법이라고 해서 도로 양 끝과 중앙차로에 기둥을 세우고 네모난 모양으로 박스처럼 씌우는 방식이다. 다른 하나는 파형강판 공법이라고 해서 강판을 반원의 형태로 휘어서 볼트와 너트로 고정해 그 아래를 차들이 지나가도록 하는 공법이다.

성남시는 처음에 거더공법 하나만으로 사업을 진행하겠다고 발표했었다. 하지만, 어떤 이유에서인지 갑자기 입장이 바뀌었다. 거더공법뿐 아니라 파형강판 공법도 같이 적용하겠다고 한 것이다. 의회는 즉각 반발했다. 하나의 터널 구간에서 두 개의 서로 다른 공법을 사용하는 것은 운전자 관점에서 갑자기 눈에 보이는 환경이 달라지는 것이기에 착시현상이 발생할 수 있어 매우 위험하다. 때문에, 대한토목학회, 신소재공학회 등에서도 파형강판의 안전성이 부족하다고 이야기를 해왔다. 경제성 측면에서도 하나의 공법이 아닌 공법을 혼합해서 진행하는 것은 비효율적일 수밖에 없다.

더 어이가 없는 것은 이 파형 공법을 시행할 업체를 선정하는 과정이다. 성남시는 파형 공법을 도입하기로 하면서 파형강판 관급자재 업체를 전문가 평가 30%, 시민 평가 70%를 합산해 선정하도록 했다. 그 결과 '픽슨'이라는 업체가 선정되었는데, 픽슨은 전문가 평가에서는 가장 낮은 점수를 받았음에도 시민 평가에서 이를 뒤집어 시와 68억 원 규모의 계약을 따낼 수 있었다. 선정 당시에 시는 픽슨의 파형강판 공법 관련 '신기술'을 높이 평가해 계약을 맺었다는 태도지만, 이 신기술은 실제 공사현장에 적용할 수 없는 상태였다. 그런데도 시는 2016년 5월과 12월 각각 선급금 6억8,700만 원, 기성금 5,579만1,000원부터 지급하며 향후 신기술 연구비용까지 지원하기로 했다.

이런 말도 안 되는 계약에 유독 적극적으로 찬성 입장을 펼친 이가 있었으니, 바로 김용이다. 분당수서로의 공원화 계획은 김용의 선거공약이기도 했다. 그리고 2014년 이 공원화 계획은 김용의 지역구인 이매 1동, 이매 2동, 삼평동으로만 한정되었다. 게다가 김용은 픽슨이 선정되고서 여의도 시범아파트를 매입하는 등 빠르게 재산이 증식되었다. 기초자치의원의 월급으로 매년 수억씩 재산을 증식시켜 온 것이 어떻게 가능했는지 수사기관에서 현재 파악 중이기에 언젠가는 밝혀질 것이라 믿지만, 백현동부터 분당수서로까지 시민의 안전을 담보로 수익사업을 펼치는 데에는 도가 텄다고 과언이 아니다.

분당수서간고속화도로 사진
_주간조선 기사 '녹생공원화'안전 논란의 진실 출처

　김용과 유동규 등은 이미 리모델링 협회 등을 통해 강한 조직 동원력을 보여준 바 있다. 대부분의 성남시민은 파형 공법이 무엇인지 알지도 못하고, 저런 사업에 시민 평가라는 것이 존재하는지조차 모르고 지나갔다. 그런데도 전문가들이 안전 문제 때문에 불가하다는 것을 '민주주의'를 동원해 뒤집어내고 그것을 수익화해냈다는 건 시민의 안전을 담보로 민주주의를 악용한 것이라고밖에 볼 수 없다. 정부는 시민의 생명과 재산을 보호하기 위해 존재하는 것이라는데, 이들은 거꾸로 시민의 생명을 담보로 시민의 재산인 세금을 동원해 수익사업을 펼친

것이다. 이런 행태가 과연 백현동과 분당수서로에서만 이루어
졌을까?

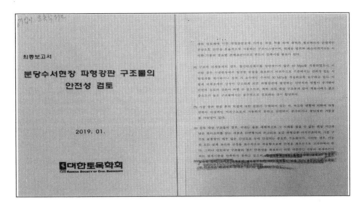

대한토목학회의 안전 자문_"합성거동에 대한 불확실성과 설계 시 적용의 일관성
결여, 그리고 뒤채움재 재료물성치에 대한 신뢰성의 미흡 등을 종합적으로 고려하면
안전성을 확보하지 못하는 것으로 판단된다."

===

#2. 성남FC

성난 시민

축구로 돈을 버는 법

정치에 관심이 없더라도 K리그에 조금이라도 관심이 있는 사람들이라면 성남FC에 대해서는 들어봤을 것이다. 1989년에 통일교 교주 문선명에 의해 창단되어 '일화 천마'시절 K리그 역사상 전무후무한 두 번의 3연패 기록(1993‒1994‒1995, 2001‒2002‒2003)을 세운 나름 명문구단이었다.[44]

일화 천마는 서울에서 창단했지만, 천안을 거쳐 2000년에 성남에 자리 잡았다. 성남으로 연고를 옮기자마자 리그 3연패

---

44 2020년 전북이 K리그1 최다 우승 타이틀을 가져가기 전까지 18년 동안 최장기간 K리그1 7회 최다 우승(1993, 1994, 1995, 2001, 2002, 2003, 2006) 타이틀을 가지고 있었다.

를 기록하는 등 명문구단으로서의 입지를 이어갔지만, 2012년 통일교 교주 문선명이 고인이 되면서 구단에 대한 지원이 줄기 시작했다. 결국, 통일교는 구단매각을 결정하고 인수의향을 가진 기업을 물색했다. 하지만, 일화가 성적에 비해서 인기는 처참한 수준으로 낮은 데다, 성남 팬들과 붉은 악마까지 나서서 연고지 이전에 반대하는 바람에 결국 성남시가 인수하게 되면서 2014년 성남 일화는 성남FC라는 시민구단으로 재탄생하게 된다. 뿌리는 같지만 사실상 다른 구단이라고 보는 것이 맞다.

우여곡절 끝에 성남은 구단을 인수하고 성남FC로 탈바꿈시켜 새롭게 출범시킨다. 여기까진 좋았다. 그러나 이재명과 정진상 등은 구단을 민원으로 얽힌 기업과의 이해관계를 지렛대로 광고 유치 성과금을 챙겨가는 불손한 수단으로 이용했고, 자신의 선거에서 선거인단을 모집하는 도구로 악용했다.

문서번호	경영지원 - 9호	마케팅 팀 장	경영기획 실 장	단 장	대표이사	구 단 주
보존기간	5년					
보고일자	2014. 11. .					이재명
공개여부	부분공개					

협 조

세입증대 성과금 운영계획

㈜성남시민 프로축구단

(경영기획실)

성남FC가 신설하고 이재명이 결재한 세입 성과금 지급규정 결재 공문

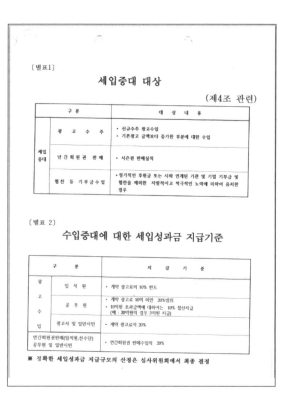

[별표1]

세입증대 대상

(제4조 관련)

구 분		대 상 내 용
세입 증대	광 고 수 주	• 신규수주 광고수입 • 기존광고 금액보다 증가한 부분에 대한 수입
	년 간 회 원 권 판 매	• 시즌권 판매실적
	협찬 등 기부금수입	• 정기적인 후원금 또는 시와 연계된 기관 및 기업 기부금 및 협찬을 제외한 자발적이고 적극적인 노력에 의하여 유치한 경우

[별표 2]

수입증대에 대한 세입성과금 지급기준

구 분		지 급 기 준
광 고 수 입	임 직 원	• 계약 광고료의 10% 한도
	공 무 원	• 계약 광고료 10억 미만 20%범위 • 10억원 초과금액에 대하여는 10% 합산지급 (예 : 20억원의 경우 3억원 지급)
	광고사 및 일반시민	• 계약 광고료의 20%
연간회원권판매(임직원,선수단) 공무원 및 일반시민		• 연간회원권 판매수입의 20%

※ 정확한 세입성과금 지급규모의 산정은 심사위원회에서 최종 결정

세입 성과금 지급규정 결재본에 포함된 비율 기준 별표

성남FC는 2014년 정관을 변경한다. 기업 광고를 수주한 임직원은 광고료의 최대 10%, 공무원은 최대 20%, 일반 시민 등은 20%를 지급하는 규정을 신설한 것이다. 구단을 운영하기 위해 적극적으로 광고를 유치한다는 명분으로 만들어진 조항이다. 그렇다면 이 규정을 통해 누가 누구로부터 광고를 유치

해서 얼마를 어떻게 가져갔을까?

2015~2017년 성과금 지급 내역(후원금 관련)

(단위 원)

연도	지급일자	수주업체	수주(광고)금액	수주당사자	산출기준액	성과금(a)	제세금(b)	실지급액(a-b)	지출방법
2015년	07월 13일	㈜지에스플러스(동서울대학교)	23,100,000	㈜지에스플러스	23,100,000*20%	4,620,000		4,620,000	㈜지에스플러스 계좌이체
	07월 28일	(사)희망살림	950,000,000	이치훈	950,000,000*10%/1.1	86,363,636	35,535,990	50,827,646	이치훈 계좌이체
	12월 30일	(사)희망살림	950,000,000	이치훈	950,000,000*10%/1.1	86,363,636	35,268,760	51,094,876	이치훈 계좌이체
	12월 30일	두산건설	330,000,000	이치만	330,000,000*10%/1.1	30,000,000	5,609,310	24,390,690	이치만 계좌이체
	12월 30일	(사)한국항공우주산업진흥협회	33,000,000	노인기	33,000,000*10%/1.1	3,000,000	826,990	2,173,010	노인기 계좌이체
	소 계		2,286,100,000	소 계		210,347,272	77,241,050	133,106,222	
2016년	05월 17일	CJ씨푸드	50,000,000	이치만	195,000,000*10%/1.1	17,727,272	7,738,990	9,988,282	이치만 계좌이체
		SPC	55,000,000						
		코마트레이더스	50,000,000						
		하나로유통센터	40,000,000						
	05월 17일	AK홀딩스	44,000,000	㈜지에스플러스	110,000,000*20%	22,000,000		22,000,000	㈜지에스플러스 계좌이체
		이치훈	44,000,000						
		㈜지에스플러스(동서울대학교)	22,000,000						
	05월 19일	쿠우쿠우	10,000,000	김유석	10,000,000*20%/1.1	1,818,182	79,990	1,738,192	김유석 계좌이체
	10월 28일	㈜지에스플러스(동서울대학교)	22,000,000	㈜지에스플러스	22,000,000*20%	4,400,000		4,400,000	㈜지에스플러스 계좌이체
	소 계		337,000,000	소 계		45,945,454	7,818,980	38,126,474	
2017년	05월 23일	Nhn엔터	550,000,000	노인기	550,000,000*10%/1.1	50,000,000	14,200,000	35,800,000	현금지급(요청)
	05월 23일	CJ씨푸드	50,000,000	이치만	50,000,000*10%/1.1	4,545,454	821,810	3,923,644	현금지급(요청)
	소 계		600,000,000	소 계		54,545,454	14,821,810	39,723,644	
	합 계		3,223,100,000	합 계		310,838,180	99,881,840	210,956,340	

성남FC의 성과금 지급 내역

일단 성남FC에 후원을 통해 이득을 보았으리라 추정되는 업체들 위주로 정리가 되어있는 표다. 이 중에서 ㈔희망살림은 네이버를 통해 40억 원을 기부받고, 그중 39억 원의 돈이 성남FC로 흘러 들어갔다. 네이버는 그 대가로 제2 사옥의 건축허가를 받았다는 의혹을 받고 있다. 두산건설을 포함해 후원금을 집행하고 대가를 받은 기업들을 정리하면 다음과 같다.

기업	후원금액	특혜의혹
두산건설	42억	정자동 사옥 용도변경/용적률
네이버	39억	제2 사옥 건축허가

기업	후원금액	특혜의혹
농협	36억	성남시 금고연장
분당차병원	33억	분당경찰서 부지 용도변경
알파돔시티	5억 5,000만	준공 허가 및 주민 민원
현대백화점	5억	준공 허가 및 주민 민원

보시다시피 모두 성남시에 민원을 요청하는 기업들이다. 민원의 규모도 절대 작지 않다. 사옥을 건립하거나 용도를 변경해서 더 높고 넓은 건물을 지으면 더 많은 수익을 벌어들일 수 있는 것이 분명하다. 농협은 성남시가 지정한 시 금고이다. 정기적으로 심사하여 지정되는 시 금고의 지위를 지키기 위해서라도 후원을 할 수 있는 곳이다.

한편 이 기업들의 광고유치를 통해 성과금을 받은 인물들을 살펴보면 이석훈, 노인기, 이치만. 모두 이재명과 관련된 핵심 인물들이다. 이석훈은 성남의 지역 방송국 아름방송 출신으로 이재명의 적극적인 지지 활동을 펼치다 성남FC 홍보 마케팅 담당을 거쳐, 2016년에는 성남FC 대표직에까지 오른 인물이다. 이재명의 팬클럽 조직인 '손가락 혁명군' 행사에 성남FC 직원들을 동원하기도 했다. 이석훈은 이러한 공로를 인정받아 코리아경기도 주식회사 2대 대표직에 올랐다.

이치만은 구단의 후원금 모집을 담당한 핵심인물이다. 이 씨는 이재명 후보가 2008년 총선에서 분당갑 지역구에 출마했을 때 통합민주당 지역위원회 사무국장을 맡았던 인사의 친조카이기도 하다. 이렇듯 구단의 대표부터 후원금 담당 직원까지, 사실상 축구와 관련된 인물들이 아닌 이재명의 측근들이 구단을 장악했다고 해도 과언이 아니다.

해당 기업들이 성남시로부터 각종 민원성 특혜를 받은 것과 별개로 이들을 통해 광고를 '수주'했다고 성과금을 받은 건 도무지 이해할 수 없는 일이다. 광고의 유치는 구단의 노력이 아니다. 성남시와 민원으로 연결된 특수 관계에서 구단에 후원금을 우회 지원하여 기업의 목적을 달성하려 한 것이 핵심인데 이것을 두고 구단의 자의적 노력에 의한 광고 수주라고 둔갑시키면 그 말을 누가 믿을 수 있겠는가. 성남시 인수위 활동 시절 직접 찾아낸 한 장의 공문이 그것을 증명한다.

두산건설주식회사
서울시 강남구 언주로 726(논현동) 두산빌딩
(우:135-714)
전화 : (02)510-3114 팩스 : (02)510-3716

문서번호 : 두산건설-2014-8523

　　　　　　　　　　　　　　　　　　　　2014-10-31

수　신 : 성남시장
참　조 : 도시계획과장
제　목 : 도시관리계획 재정비 검토 요청 타당성 보고서 제출

　　　1. 귀 시의 무궁한 발전을 기원합니다.

　　　2. 성남시 공문 도시계획과-9800(2014.10.2) "도시관리계획 재정비 검토요청에 따른 자료 제출(정자동 161)" 관련입니다.

　　　3. 병원부지 용도변경에 따른 타당성 검토 자료 및 주변 기반 시설 영향에 대한 검토 자료를 첨부와 같이 제출하오니 업무 참조 바랍니다.

　　　4. 기타 사업계획의 방향성은 두산계열사 사옥 신축 時, 1층 일부를 성남시민을 위한 공공시설 제공.또는 성남시민 프로축구단(성남FC) 후원 등의 방법으로 공공에 기여 할 수 있는 방안을 귀 시와 협의하여 적극적으로 검토 반영토록 하겠습니다.

첨부 : 정자동 의료시설(종합병원) 용도변경 타당성 검토 보고서 3부. 끝.

　　　　두산건설 주식회사 대표이사 양희선

용도 변경 시 성남FC에 후원을 약속한 두산의 증거 공문

이 공문을 발견하고 난 유레카를 외쳤다. 두산이 구단에 준
광고 후원이 '대가성'이라는 의혹을 더 명확하게 하는 증거였

성난 시민

기 때문이다. 내용은 이렇다. 두산이 보유한 성남시 분당구 정자동 소재 병원 용지에 사옥을 짓게 해주면 성남 구단에 후원을 검토하겠다는 명시적인 표현이 담긴 공문이다. 보통 성남시가 외부로부터 받는 공문들엔 이런 표현이 등장하지 않는다. 사옥의 건립과 용도변경은 용도변경대로 그 자체만으로도 특혜일 수 있기에 이처럼 별도의 추가 후원을 공문에 명시한 예는 존재하지 않는다.

난 해당 공문을 즉시 SBS 기자에게 건넸다. 성남FC의 수사가 아무런 증거도 없이 행하는 '정치 수사'라는 이재명의 논리를 반박하는 데 적합한 단서였기 때문에 대중에 알리고 싶은 마음이 컸다. 기자에게 해당 공문을 전한 당일, 곧바로 [단독] "사옥 짓게 되면 성남FC 후원".. 두산건설 공문 입수라는 제하의 기사가 보도되었다. 파급은 엄청났다. 공중파를 포함한 수많은 언론사가 해당 공문의 원본을 받아보기 위해 전화를 걸어왔을 정도이다. 이재명과 측근들은 별다른 반박을 하지 못했고 구단과 성남시청 또한 별도의 해명을 내지 않았다.

공문이 공개된 이후, 수사는 급물살을 탔다. 성남시청과 협상에 나섰던 두산 관계자의 증언까지 확보되면서 관계자들은 기소됐고 현재 재판이 진행 중이다.

결론이 어떻게 날지는 모르겠다. 기업의 민원을 들어주는 대가로 후원금을 받고, 그것을 '자의적 노력'에 의한 광고 유치로 포장해서 성과금을 챙겨가는 것이 위법이 아니라는 판단이라면 앞으로 비슷한 사례들이 무수히도 많이 행해질 것이다.

위 공문으로 보도된 기사 끝에 기자가 취재한 법조계의 의견이 담겨있는데 꽤 의미심장했다.

'두산 측 공문이 병원 용지 용도변경과 성남FC 후원 사이에 대가성이 있을 수 있다는 점을 양측이 인지하고 있었다는 자료가 될 수 있다.'

성남FC의 정치, '이재명 경선 선거인단 모집'

하루는 모르는 번호로 전화가 걸려 왔다. '의원님 성남FC 000입니다. 직접 만나 뵙고 싶습니다.' 이유를 물으니 이유는 묻지 말아 달라고 한다. 영문도 모른 채 약속을 정하고 성남의 한 작은 카페에서 해당 직원을 만났다. 이리저리 외부의 시선을 의식하면서도 결의에 찬 눈빛을 한 그 직원은 나에게 '성남 구단의 비리를 제보하고 싶다'라고 했다. 그러면서 한 장의 사진을 보여줬다.

성남FC의 선수들을 관리 감독하고 지원하는 '선수운영팀'이 이재명 시장의 대선 경선 선거인단 모집에 조직적으로 가담했던 카카오톡 화면 캡처본이었다.

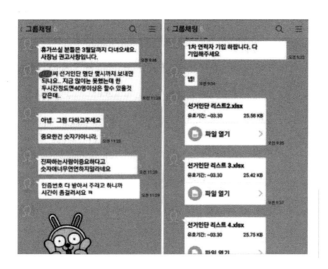

성남FC 선수운영팀 내부 카톡방_이재명 경선 선거인단 모집 증거
제보자 보호차원에서 발송자 카톡의 위치를 바꿔 화면을 재구성함

'○○씨, 선거인단 명단 몇 시까지 보내면 되나요? 지금 많이는 못 했는데 한두 시간 정도면 40명 이상은 할 수 있을 것 같은데'

'아 넵. 그럼, 다 하고 주세요. 중요한 건 숫자가 아니라 진짜 하는 사람이 중요하다고 숫자에 너무 연연하지 말라네요.'그리고 일제히 공유되는 '선거인단 리스트 2', '선거인단 리스트 3', '선거인단 리스트 4'

화면을 보는 순간 눈을 의심했다. 채팅창엔 해당 대화가 몇 시에 오갔는지도 표기된다. 확인해 보니 시간은 모두 일과 시간 중, 다시 말해서 구단의 선수운영팀이 평일 일과 시간에 자신들에게 맡겨진 업무는 하지 않고 대통령 경선에 출마한 이재명 시장의 경선 선거인단을 모집하고 있었던 것이었다.

화면에서 알 수 있는 사실은 또 있다. 몇 시까지 제출해야 하는지 묻는 팀원들의 질문에 대답하는 인물의 말을 보면 '연연하지 말라네요.'와 같이 남의 지시를 받고 말을 한다는 것. 해당 직원은 이 리스트들이 취합된 후 '2층', 즉 성남시청 2층에 있는 시장실로 취합될 것이라고 말했다.

이후 나는 공직선거법 위반 등으로 해당 팀의 팀장과 팀원들, 그리고 이것을 지시한 신원 불상의 인원을 고발했다. 증언해 줄 인물이 있었고, 뒷받침할 증거도 명확했기에 처벌이 될 수 있다는 확신을 했다. 더 나아가 구단의 직원들을 처벌하는 것에 그치지 않고 이번 일을 계기로 성남의 스포츠와 정치가 정확하게 분리되어야 한다는 원칙을 세울 기회라고 생각했다. 그러나, 결과는 '공소권 없음'으로 종결. 대통령 선거일(2017.5.9.)로부터 6개월인 공직선거법 위반 공소시효가 완성돼 혐의가 인정된다고 하더라도 처벌할 수 없다는 것이었다. 지시한 인원이 누구인지, 구단주인 시장은 인지하고 있었는지 등 제대로 된 수사조차 이뤄지지 않았다. 공소권 없음 결정을 내린 것은 수원지방검찰청 성남지청 조 모 검사였다.

이후에도 구단은 지속해 이재명 시장의 정치에 사용됐다. 지방자치단체의 예산안 개편과 관련된 정부의 결정을 항의하는 목적으로 구단을 세 과시용으로 동원하기도 했고, 앞서 언급했던 것처럼 기업의 후원금을 받는 창구로도 이용했다. 모두 이재명 시장이 없었다면 일어나지 않았을 일이다.

정치와 스포츠는 분리해야 한다. 적어도 개인의 선거에 스포츠를 동원해서는 안 된다. "자신의 의사와 상관없이 강제로 국민경선 참여를 강요당하고 개인정보와 인증번호를 수집 당한 분들의 피해사례를 제보받겠다"라던 시장이 있는 성남시에서는 더더욱 그렇다.

이재명이 올린 트위터 "경선 선거인단 강제 모집 신고 접수"

개를 훔치는 완벽한 방법

왼쪽부터 성남FC 이석훈, 비스킷, 김소연 대표

본 사건은 성남FC가 사실상 사기를 당한 사건이기 때문에
비난하기 어렵지만, 성남에서 벌어진 씁쓸한 사건이기에 소개

성난 시민

해본다.

2017년 1월, 성남FC는 유기견 '비스킷'을 12번째 선수로 영입했다고 밝히며 입단식을 열었다. 비스킷은 학대받다가 동물보호단체 '케어'로부터 구조되었다고 하는 그레이하운드 믹스견으로 성남FC는 비스킷을 영입하면서 유기동물 치료비와 동물보호 캠페인 후원금 1,500만 원을 케어에 전달했다.

하지만 비스킷을 영입한 지 불과 두 달 뒤에 충격적인 민원이 접수되었다. **비스킷이 학대를 받다가 구조된 것이 아니라 주인이 있는데도 훔친 개**라는 것이다. 케어의 前 직원 A씨는 케어의 박소연 대표가 케어를 홍보할 목적으로 개를 훔친 뒤 구조한 개라고 속이고 후원금을 받은 것이라 폭로하며 민원을 넣었고, 성남FC는 A씨의 민원을 접수한 뒤인 2017년 5월에 케어와의 자매결연을 종료했다.

이 사건으로 박소연은 특수절도 혐의로 서울 종로경찰서에 고발당했는데, 이후에 케어를 운영하는 4년간, 250여 마리의 구조 동물들에 대한 안락사를 진행하고 사체를 암매장했다는 전 직원들의 폭로가 이어졌다. 또한, 막대한 후원금을 받아 착복한 사실과 각종 범죄연루 주장도 등장하며 박소연은 케어의 대표직에서 사퇴했으며 각종 재판에서 실형을 선고받았다.

어쨌든, 성남FC의 입장에서는 박소연이라는 사기꾼에 속아 훔친 개로 구단을 홍보했던 흑역사를 남기게 되었다.

#3. 이재명의 친구들

백종선

백종선. 가수 백아연의 아버지이자 이재명의 가신이라고 할
수 있는 사람 중 하나다. 2010년 7월부터 2014년 2월까지 3년
7개월 동안 이재명 성남시장의 7급 공무원 상당의 수행비서를
맡았다. 이재명이 친형 이재선과의 분쟁이 생긴 바로 다음 날
부터 이재선을 비방하는 현수막을 사무소 앞에 걸고, 하루에
약 이 백여 통의 전화와 문자를 보내 영업을 방해했으며, 이재
선의 가족들에게도 온갖 협박과 욕설을 퍼부을 정도로 충직한
부하였다.[45] 이재명은 이런 백종선을 이재선의 장례식에 보내

---

45 백종선이 어떤 문자를 1분에 한 통꼴로 보냈는지는 이 책에 옮기지 않겠
다. 대충 이재명의 그 유명한 형수 욕설과 수준이 비슷하거나 더 낮고, 일반 사
람이 그걸 받았다면 공포에 떨어 치료를 받아야 할 수준의 범죄라는 것 정도만

며 끝까지 유족들을 모욕하는 꼼꼼함을 보이기도 했다.

이 성질머리 더러운 **부하**는 2011년에 이재명을 비판한 한
나라당 이덕수 의원에게 "**XX새끼야**~ 눈알을 파버린다"라는
등의 욕설을 해서 벌금 100만 원을 선고받기도 했고, 2013년
에는 택시기사를 바닥에 넘어뜨리고 머리와 얼굴을 마구 때린
다음 경찰관에게 욕설을 퍼붓고 파출소에서 난동을 부린 혐의
로 징역 6개월에 집행유예 1년을 선고받기도 했다.

공무원 신분이기 때문에 '품위유지'라는 것도 필요하다는 것
이 상식이지만 이재명 본인의 인격과 품위 수준에서 크게 벗
어나지 않은 데다, 이미 조폭과 부동산 투기꾼들을 시정에 참
여시켰을 때부터 성남시는 품위를 포기한 것이었기에 이재명
은 백종선을 쳐내지 않고 계속 써먹었다.

문제가 된 것은 백종선이 이재명의 재선 선거운동을 돕다
가 알게 된 버스 업자로부터 현금 수수 및 골프 접대 등 총
2,600만여 원의 뇌물을 수수한 혐의로 2016년 1심에서 징역

말하고 넘어간다. 정 궁금하면 인터넷을 검색하면 나온다.

10개월의 실형을 선고받게 되면서 공직을 수행하기 힘들어지면서다. 드디어 쓰레기가 청소되었나 싶었지만, 역시나 이재명은 달랐다. 이재명의 성남시는 백종선의 자리를 백종선의 친동생 백종진에게 '하사'했다. 공무직을 세습한 것이다. 그뿐만 아니라 백종진의 아내는 성남시청 공보관실, 여동생은 성남시 여성단체협의회 국장에 '꽂아'주었다. 족벌경영, 세습경영이 버젓이 성남시민의 세금으로 이루어지고 있었다.

백종선의 이름이 다시 등장한 건 2022년 3월. JTBC가 입수해 보도한 이재명의 사법 거래 의혹 관련 녹취에서다. 백종선은 2020년 2월 13일 은수미 전 성남시장의 비서관과의 통화에서 "대법원 라인 우리한테 싹~ 있어. 우리가 대법원 하잖아. 그동안 작업해 놓은 게 너무 많아가지고...(중략) 빨리빨리 작업, 대법원. 저기 주심, 대법원장. 아니, 아니 대법관 발표 나면 작업 들어갈 생각 해야 해. 그럴 때 얘기해. 싹 서포트 할 테니까."라고 말했다.

이는 2018년 지방선거에서 이재명이 허위 사실 공표 혐의로 고소당한 사건에 관한 것이다.

2012년 이재명은 분당구 보건소장 등에게 이재선을 정신병원에 강제로 입원시키라고 지시하고 독촉했다. 입원 서류를 준비시키고 청원 경찰 2명을 동원해 형의 집 앞에 앰블런스를 보내기도 했다. 이 과정에서 보건소장이 교체되기도 했다. 이재선의 딸 이주영이 공개한 녹취파일에는 이재명 부인 김혜경이 딸에게 "내가 여태까지 너희 아빠 강제입원 말렸거든, 너 때문인 줄 알아라. 알았어?"라고 협박하는 내용도 등장하는데, 녹음 시점이 2012년 6월이다. 이재명의 가정사가 어땠는지가 중요한 것이 아니라 이재명이 이재선을 정신병원에 입원시키려고 했다는 사실이 존재한다는 것이다.

2018년 제7회 동시 지방선거를 앞두고 열린 TV토론에서 이재명은 다음과 같은 발언을 하였다 : "우리 김영환 후보는 저보고 정신병원에 형님을 입원시키려고 했다. 이런 주장을 하고 싶은 거 같은데, 사실이 아닙니다."명백한 거짓말이었다.

바른미래당은 이러한 허위 사실 공표행위에 대해 고발하였고, 1심에서는 무죄, 2심에서는 이에 대해 유죄로 보고 벌금 300만 원을 선고했다. 대법원에서 형이 확정되면 당선무효가 되고, 이재명과 더불어민주당은 도지사 선거비용을 반환해야 할 처지에 놓여있었다.

하지만, 대법원은 다르게 판단했다. 2020년 7월 16일, 대법원 전원합의체는 무죄 7, 유죄 5, 기권 1로 원심을 파기하고 무죄 취지로 수원고등법원에 파기 환송한 것이다.[46] "의혹을 제기하는 상대 후보자 질문에 대한 답변일 뿐, 적극적·일방적으로 널리 알리려는 공표행위라고 볼 수 없다"라는 취지다. 소수의견은 "분당구보건소장 등에게 강제입원을 지시·독촉했고, 단순히 질문에 부인하는 답변을 한 게 아니라 자신에게 불리한 사실은 숨기고 유리한 사실만 덧붙여서 친형 정신병원 입원 절차에 관여한 사실이 없다는 의미로 해석될 수밖에 없는 취지로 발언했다"라고 봤다. 종합해보면 강제입원을 지시 및 독촉한 것은 명백한 사실이고, 이재명이 거짓말을 한 것은 맞지만 저 정도의 발언이 적극적이고 일방적으로 널리 알리려는 공표행위라 볼 수 없다는 것이다.

---

46 사건번호 2019도13328. 무죄 의견을 낸 대법관은 김명수 대법원장, 권순일·김재형·박정화·민유숙·노정희·김상환 대법관, 소수의견을 낸 대법관은 박상옥·이기택·안철상·이동원·노태악 대법관이다. 이 중 김재형과 민유숙은 이재명의 사법연수원 동기(18기)이기도 하다.

하지만, 이 석연치 판결과 관련해서 끊임없이 논란이 이어지고 있다. 바로 판결에 참여한 권순일 전 대법관이 대장동 개발 사업을 진행한 화천대유에서 고문을 맡았고, 화천대유 측으로부터 50억의 뇌물을 받았거나 약속받은 이른바 50억 클럽'의 일원이라는 것이 밝혀졌기 때문이다.

대장동 민간사업자 남욱은 검찰 조사에서 '김만배가 이재명 선거법 위반 사건으로 대법원에 들어가 권순일 전 대법관에게 부탁해 뒤집힐 수 있도록 역할을 했다고 말했었다,' '2019년부터 김 씨가 권 전 대법관에게 50억 원을 줘야 한다고 말을 하기 시작했다' 등의 진술을 했다. 유동규 또한 재판에서 김만배로부터 정진상 실장 등이 쌍방울을 통해서 대법관에게 로비하고 있다는 말을 들었다.'라고 진술했다.

김만배는 실제로 문제의 대법원판결을 전후로 8차례 대법관실을 방문한 기록이 있다.

판결 결과를 미리 알고 있었다는 정황도 있다. 이재명의 성남시장 선거캠프 출신 임모 씨가 대법원 선고 약 3주 전인 2020년 6월 24일 은수미 전 시장의 비서관과의 통화에서 "지사님 (사건)은 (대법원 내부) 잠정 표결을 한 모양이야. 잘 됐다는 쪽으로 가닥이 잡힌 것 같네. 7월 16일 결과가 나온 모양이야. 만장일치는 아닌 것 같고. 8대 5나 예를 들어서."라고 말했다.

대법관을 매수해 무죄판결을 받아낸다. 그리고 매수 비용은 대장동 개발수익에서 떼어준다. 자기 돈은 한 푼도 쓰지 않으면서 대법관을 매수할 수 있다는 것은 엄청난 발상이 아닐 수 없다. 대한민국 사법체계의 근간을 흔든 덕에 이재명은 차기 대선후보, 당 대표까지 승승장구할 수 있었고, 보전받은 38억의 선거비용을 토해내지 않아도 되게 되었다.

일반 선량한 국민은 상상도 못 할 일을 이들은 주변에 떠벌리고 다닐 만큼 자랑스러운 일이었다.

이재명과 백종선 등이 함께 떠난 성남시 해외 연수 사진

배소현

이재명의 가신 중에는 비교적 미스터리한 인물, 배소현도 있다. 배소현은 이재명이 데리고 온 다른 사람들과 달리 정상적인 삶을 살았던 것으로 보인다. 국민대학교 법학과를 졸업해 뉴욕대에서 경영을 파트타임으로 공부했으며 우리은행 미국 지사에서 근무한 경력도 있다. 이런 사람이 질 떨어지는 범법자들이 득실거리는 성남시청에 어떤 연유로 들어오게 되었는지는 알 수 없다 보니 '이재명의 법무법인 경리를 보던 사람이다', '백종선이랑 같이 일했던 사람이다' 소문만 무성하다.

하지만 배소현이라는 존재는 그 자체로 부패의 상징이 되었다. 2010년 배소현이 성남시청 비서실에 7급 별정직으로 들어왔을 때, 공식적인 업무 분담은 '외국인 의전'이었다. 하지만, 이렇다 할 업무생산 문서와 출결 기록 조차 찾아볼 수 없었다. 출근하지 않았으니 그를 봤다는 사람도 거의 없었다.[47] 그런데 매달 수십만 원씩 시간 외 수당은 꼬박꼬박 챙겨갔다. 현업부서로 분류되는 비서실 직원은 업무 특성상 현장 일정이 많아 사무실의 전자출결로 시간 외 근무를 증빙하지 않고, 근무 다음 날인 익일, 수기로 시간 외 근무 일지를 작성하여 수당을 받는다. 다시 말해서 누군가가 배소현을 대신해 시간 외 수당 신청서를 허위로 작성하고, 상급자는 그것을 결재했다는 거다.

그러면 배소현은 정확히 무엇을 한 걸까?

우선은 이재명의 부인 김혜경을 '수행'했다고 한다. 사실, 이것부터가 말이 안 되는 것이다. 시장의 사모를 왜 시민들의 세금을 들여서 수행하는가? 그런데 이 수행이라는 것의 범주가 무엇인지 짐작해볼 수 있는 건 이재명이 경기도지사가 되면서

---

47 간간이 배소현이 공식 행사에 이름을 올릴 때가 있었는데, 주로 이재명이 해외 출장 때 따라갈 때다. 앞서 다룬 〈수상한 출장〉에도 배소현이 함께했다. '외국인 의전' 담당이라 따라갔다고도 할 수 있지만, 어차피 세금으로 골프 치고, 요트 타고 즐기는 해외여행의 성격이 강한 출장에 배소현의 역할이 과연 외국인 의전이었을까?

배소현이 5급 비서관이 되면서 자신의 밑에 들어온 7급 비서관에게 업무라면서 지시한 내용에서 유추해볼 수 있다.

당시 배소현의 지시를 폭로한 공익제보자 조명현에 의하면 배소현은 이재명-김혜경 부부의 사적인 심부름을 맡아서 수행했다고 한다. 여기에는 빨래와 양말 정리, 음식점 심부름, 도박과 성매매 의혹이 있는 장남 이동호의 퇴원 수속, 이재명 친인척에 추석 선물 및 차례상 준비 등등 김혜경의 수발을 드는 존재였던 것이다. 김혜경 수발에는 관용차와 전담기사까지 동원되었고, 모든 비용은 세금으로 처리되었다. 김혜경한테만 국민의 세금으로 3명의 공무원이 붙어서 수발을 들었다는 얘기다.

이재명 같은 사람들을 위해 행정안전부는 2016년에 지자체 준수사항을 발표했다.

지자체 준수사항
• 단체장 배우자의 사적 활동에 공무원을 수행하게 하거나 의전 지원을 할 수 없다.
• 단체장 배우자의 활동을 지원하기 위한 전담인력 지원은 금지해야 한다.

물론, 법도 제대로 지키지 않는 이재명 일당이 권고사항 따위를 지킬리가 만무하다.

배소현의 역할은 여기서 그치지 않았다. 배소현은 부서별 업무추진비를 현금으로 찾아 걷어가는 역할도 담당했다. 성남시는 각 국장과 과장에게는 매년 '시책 추진 업무추진비' 예산을 몇백만 원씩 배정하는데, 특정 부서의 경우 그 예산 대부분을 배소현이 현금으로 인출 해 가져갔다. 7급 별정직 공무원 배소현이 국장급들에게 업무추진비를 내놓으라고 한다는 건 상급에서의 지시가 있지 않고서는 불가능하다. 당연히 이 돈이 어디에 쓰였는지는 알 수 없다.

업무추진비 비자금 게이트.

이는 명백한 범죄다. 배소현은 이미 김혜경을 대신해 경기도 법인카드를 사적으로 유용했다는 혐의, 이른바 '김혜경 법인카드 사건'으로 징역 10개월, 집행유예 2년에 사회봉사 160시간을 선고받았다. '후보 가족을 위해 사적 용무를 처리한 사실이 없다'라고 한 것이 거짓말이라고 법원이 판단한 것이다.

김혜경의 법인카드와 업무추진비 사적유용과 관련해 배소현이 법적 처벌을 받는 과정에서 또 한 사람이 스스로 목숨을 끊었다. 이재명과 관련해 목숨을 끊은 세 번째 인물, 김현욱이다.

김현욱에 대해서는 잘 알려진 바가 없다. 기무사 출신으로 경기도경제과학진흥원 비상임이사 등 각종 식책을 맡아왔으며 대선 기간에는 김혜경의 운전기사로 활동했던 것 정도가 밝혀졌다. 이재명은 처음에 그 어떤 인연도 없다고 부인하다가 경선 기간 캠프에서 김현욱에게 임금이 지급된 사실이 중앙선관위에 제출된 정치자금 회계내용을 통해 드러나자 말을 바꿔 시인했다. 김문기에 이어서 '몰라야 되는 사람'이었던 것이다.

김현욱에 대해서 미스터리한 건 또 한 가지는 그가 김혜경의 법인카드와 업무추진비 사적유용으로 참고인 조사를 앞두고 배소현 소유의 집에서 스스로 목숨을 끊었다는 점이다. 그가 그렇게 죽어야만 했던 이유가 무엇인지 죽은 자는 말이 없기에 알 수 없다. 하지만, 그가 배소현과 상당히 친밀한 관계였으며, 이재명이 그의 존재를 부정해야 할 이유가 있었고, 그가 스스로 목숨을 끊어야 할 만큼 심적 부담을 느낀 무언가가 있었다는 점은 확실하다.

성난 시민

김현욱은 떠났지만, 배소현은 유죄선고를 받았다.

자절(自切).

동물이 몸의 일부를 스스로 절단하여 자신의 생명을 유지하는 현상을 일컫는다. 생명과학 분야에서는 흔히 있는 생식 현상이지만 정치권에서는 '꼬리를 자른다'라는 부정적인 의미로도 쓰인다. 김혜경을 수행한 두 사람 중 한 사람은 자살했고, 한 사람은 유죄를 선고 받았다. 법인카드로 수십 인분의 소고기와 초밥을 한 번에 결제하고, 수백만 원씩 걷어간 업무추진비는 어디로 갔는지도 모른다고 하고, 그것을 말해줄 사람 중 하나는 사망했다.

이재명 쪽 수행도 마찬가지다. 이재명의 초대 수행비서 백종선은 각종 범죄를 저지르다 결국 동생에게 자리를 물려주며 물러났고, 이후에 수행한 김진욱은 깡패 출신이다. 백종선과 김진욱은 공익제보자 조명현에게 전화해 입막음을 시도해 조명현이 신변 보호 요청까지 했다. 백종선과 김진욱이 얼마나 극악무도한 사람들이고 이재명과 성남지역 깡패들의 관계는 앞서 설명했으니 이해 못 할 일도 아니다.

이재명과 김혜경은 다 모르는 일이라고만 한다. 다 개인의 일탈이고, 죽은 사람은 김문기와 마찬가지로 모르는 사람으로 덮으려 했다. 이재명-김혜경 부부가 이런 사람들만 골라 쓰는 건지, 그들 주변에만 가면 그렇게 되는 건지는 알 수 없다. 하지만 끊임없는 범죄행위, 그들의 표현으로는 '개인의 일탈'이 계속되고 있고, 그들의 행위로 이득을 보는 건 이들 부부였다는 점은 변하지 않는다.

배소현이 조명현에게 한 통화에서 이렇게 말했다.

"기본적으로 마음을 잘 생각을 해봐요. 내가 지금 이재명이랑 김혜경을 모시는 마음이 돼 있는지. 그거부터 좀 장착을 해요. 어려워야 해."

이재명 지킴이를 자청하는 더불어민주당 현근택 변호사는 이에 대해 이렇게 평했다.

"별정직이기 때문에 (본인이 수행하고 있는 업무에) 문제가 있다고 생각하면, 퇴사하면 그만인 일인데도 그만두지 않고 일일이 통화를 녹취하고 대화를 캡처한 것이 의도적으로 보인다."

그렇다면 해병대 박정훈 대령에 대해 현근택은 어떤 생각을 하고 있을까? 문제가 있다고 생각하면 퇴사하면 그만인 일인데도 그만두지 않고 자료를 수집해 싸우는 사람이 문제라고 생각하는가?

그대들은 누구를 모시는 마음이 돼 있는가? 그것부터 좀 장착해야 했으면 좋겠다.

그리고 그들이 어려워하는 사람이 국민이었으면 좋겠다.

이재명과 배소현 등이 함께 떠난 성남시 해외 연수 사진

백종선과 배소현 해외 연수 사진

백종선과 배소현 해외 연수 사진

성난 시민

혜경궁 김씨 사건과 배소현

@08_hkkim (정의를 위하여)라는 트위터 계정이 있었다. 이 계정은 유독 패륜적인 언사가 심했으며, 이재명에 관한 개인적인 정보를 많이 공유하는 계정이었다. 패륜적인 언행의 대상은 노무현 대통령, 문재인 대통령, 전해철 국회의원 등 정계인사들뿐 아니라 세월호 침몰 사고 희생자, 일반 전라도민 등 가리지 않았다.[48] 때문에 허위사실 유포, 명예훼손 및 모욕, 사자명예훼손 및 모욕 등으로 고발되었는데, 사람들 사이에서는 이 hkkim이 혜경 김 아니냐는 논란이 일며 이를 혜경궁 홍씨에서 따온 별명 '혜경궁 김씨'라 부르기 시작했다.

당시 경기도지사 선거에 같이 출마한 전해철과 양기대는 이재명에게 공동조사를 요구했으나 이재명이 이를 묵살했고, 전해철은 "@08_hkkim과 이 전 시장은 최소 2013년부터 서로 멘션(말)을 주고받는 모습을 보여준다. 더 이상한 점은 일반인들이 알지 못하는 정보에 대해 너무 잘 알고 있는 듯한 모습이

---

48 정신건강을 위해 보지 않는 것을 추천한다.

며 심지어는 짜고 치는 느낌도 든다"라며 경기도 선관위에 해당 계정을 고발했다.

경찰은 수사 7개월 만에 해당 계정이 김혜경의 것이라고 결론지으며 검찰에 송치했다. 이재명-김혜경 측은 다양한 변명을 늘어놓았지만, 모든 변명이 자신들이 과거에 했던 발언들에 의해 반박되면서 궁색하게 되었다. 검찰에서는 트위터 계정에 등록된 G메일 아이디 'khk631000'과 똑같은 포털사이트 다음 아이디가 수사 착수 직후 탈퇴 처리됐고 다음 아이디의 마지막 접속지를 조사해 봤더니 이재명 지사 자택으로 확인됐다는 것까지는 찾아냈다.

위기의 상황에서 불길에 뛰어든 것은 배소현이었다. 우선, 김혜경이 자신의 핸드폰에 휴대전화 카카오톡·카카오스토리·구글캘린더 등에 연동된 이메일(khk631000@gmail.com)을 배소현이 설치해 주어서 이용한 것이라고 진술했다. 배소현도 김혜경에게 자세한 설명을 하지 않은 채 (해당 이메일과 연동해) 이를 설치해 준 것이라고 같은 증언을 했다. 그러면서 배소현 등의 비서실 직원들이 트위터 계정 가입에 사용된 이메일 비밀번호를 공유했다고 한 것이다. 계정주가 김혜경인 것은 맞지만 해당 글들을 김혜경이 썼는지 알 수 없다는 의미다.

결국, 검찰은 해당 계정을 사용한 사람을 특정할 수 없어 무혐의로 사건을 종결했다. 배소현의 이재명-김혜경에 대한 충심을 다시 한번 확인할 수 있는 사건이었다.

==

'미키루크' 이상호

이재명이 중앙정계에 들어서는 데 큰 역할을 했던 것이 2007년 대선정국에서 대통합민주신당의 대선후보 정동영의 팬클럽 '정동영과 통하는 사람들', 이른바 '정통'을 만든 것이다. 정통은 이전 대선의 '노무현은 사랑하는 사람들의 모임', 노사모를 본떠서 만들어졌는데 2007년 출범하여 전국 각지에 1만 명이 넘는 회원을 자랑하는 정 전 의원의 든든한 기반이었다.

이들은 온라인에서도 군대와 같이 일사불란하게 움직였다. 1인 1 블로그 갖기' '포털별 정통 참여 블로그 운영' '1인의 UCC 군단 되기' '메신저 연대 맺기' 등 다양한 방식의 홍보를 진행했는데, 최초의 온라인 기반 정치인 팬클럽 조직인 노사모의 진화된 버전이라고 볼 수 있다.

정통에서 핵심적인 임무를 수행했던 것은 노사모에서 부산 지부 대표, 국민경선대책위원회 위원장을 역임하며 노무현 돌풍을 일으킨 주역, 미키루크 (노사모 ID) 이상호가 있었다. 이상호는 2002년 제16대 대통령선거 당시 노사모의 상징이었던 노란 손수건을 기획하고, 춤과 노래가 어우러지는 축제 분위기의 경선을 주도했으며, 전국을 돌며 노무현 지지자들에게 돼지저금통을 분양하고 다시 수거하는 희망 돼지 모금 운동을 펼치는 등 노무현 돌풍을 주도했다. 때문에, 당시 정치권에서는 이상호를 '선거의 귀재', '최고의 전략가'라고도 불렀다.

이재명과 이상호는 정동영을 따라 열린우리당을 탈당해 정동영 대통령 후보 만들기에 나섰다. 당시 한나라당을 탈당해 새로 만들어진 '대통합민주신당'에 합류한 손학규와의 경선국면에서 이재명-이상호는 정통 조직을 이용해 도용된 명의들이 대거 포함된 박스들을 실어나르다 걸려 이른바 '박스떼기' 논란도 일으켰다. 당시 손학규 측 정봉주와 이재명은 박스떼기 사건을 이렇게 회상했다.

정봉주: 그때 나랑 경찰서에서 만났거든요. 그때 이재명 씨를 처음 봤죠. (중략) 정동영 지지자들 한 3~400명 있는데 멱살 잡고 질질 끌려 나온 거예요. 싸움이 나서 경찰서에 갔더니 법률 자문으로 이재명 변호사가 와있었던 거야. 난 그때 법률자문위원인 줄 알았더니 정동영 팬클럽 회장이었어요?

이재명: 그때 당시에… 내가 회장이었나? 몰라… 회장은 아니었지…[49]

정봉주: 지금 기록 보니까 그때 "정통 회장"이었다 그러더라고?

이재명: 그때 회장인지 그 후에 했는지는 잘 모르겠는데 암튼… 음…

---

49 거짓말이다. 이재명은 당시 회장이었다.

정봉주: 회장은 했었어요? 그래서 말이 나오던데… 오래전 일이지만…

이재명: 10년 전 일이에요… 10년 전….

정봉주: 10년 전 일이지만, 차떼기 박스떼기 하는 정치행위에 대해 어떻게 생각합니까?

이재명: 그거야, 그때 잘못한 거지. 하하하하(웃음)

==

　　전과 7범의 이상호와 전과 4범[50]의 이재명. 이기기 위해서는 수단과 방법을 가리지 않는 그들의 저열함과 바닥난 도덕 관념은 이재명과 이상호를 영혼의 단짝으로 만들어주었다. 이재명은 '이상호 위원장은 저의 정치적 동지이자 형제보다 더 가까운 동생'이라는 언급했을 정도였다. 이상호는 이재명이 성남시장이 되자 2012년 제19대 국회의원 선거에서 민주통합당의 성남시 수정구에 공천을 신청했으나 김태년에게 밀려 탈락했

50　음주운전 2회, 특수공무집행방해 1회, 공직선거 및 선거부정 방지법 위반 1회, 집시법 위반 2회, 공직선거법 위반 1회 등 도합 7범이다.

다. 당시 뉴스들을 보면 전과 7범이 공천을 받는 것에 대한 지역주민들의 반발이 있었던 것을 알 수 있다.

이상호는 2017년 문재인 정권이 들어서고, 공기업인 전문건설공제조합 신임감사로 임명되었는데, 건설이나 공제업무 쪽 경험이 전무 했기에 낙하산으로 들어갔다고밖에는 볼 수 없다. 이상호가 그런 걸 신경 쓰는 사람도 아니고 그저 이미지 세탁용으로 공직이 하나 필요했던 것으로 보인다. 공직으로 이미지를 한 차례 세탁하고, 이동형을 비롯한 친 이재명계 팟캐스터들을 통해 또 한 차례 세탁한 이상호는 2018년 총선에 부산 사하을에 출마했지만, 당연히 패배했다. 이는 더불어민주당이 사하을 주민들을 모욕한 공천으로 평가받는다.

결국, 이 전과 7범은 이미지를 세탁하는 데에는 성공했을지 모르지만, 결국 습성을 버리지 못하고 재차 전과를 쌓아가는 중이다. 라임자산운용(라임)의 실질적인 '쩐주'로 알려진 김봉현 전 스타모빌리티 회장으로부터 수천만 원의 금품을 받은 혐의로 구속되어 징역 1년 6개월 형이 확정되었다. 그것도 모자라 전과를 더 수집해야겠다는 생각이 들었는지 감옥에서 지속적인 성추행한 혐의로 출소 후, 다시 구속되었다. 이상호는 결국 2023년 6월 29일 1심에서 징역 10개월을 선고받았고, 40시간의 성폭력 치료 프로그램 이수를 명령받았다.

정말 더러운 과거를 가졌지만, 이재명과 그를 지지하는 집단들에게는 전혀 이상하지 않은, 오히려 형제보다 더 가까운 정치적 동지이자 전 전과 7범, 현 전과 9범에 빛나는 '미키루크' 이상호라는 인물에 대한 소개였다.

#4. 조직의 신

성난 시민

비밀번호 0189

성남시에서는 공무원들의 원활한 공무수행을 지원하기 위하여 휴대폰을 제공한다. 너무나도 당연하지만, 시에서 공무원들에게 제공하는 휴대폰은 엄연히 국민의 세금으로 구매한 시의 재산이다. 시에서 구매과 교체까지는 해줄 수 있지만, 퇴임을 하게 되면 반납을 하는 것이 원칙이다. 아래는 이재명의 성남시장 재임 시절 성남시에서 개통과 교체해준 공용 휴대폰 현황이다.

성남시 공용휴대폰 개통 및 교체 현황

【정보통신과】

□ 시장실 민선5·6기 (2010. 7. 1. ~ 2018. 6. 30.)

순서	전화번호	사용처 부서명	사용자	개통일	기종	신규(교체)대수 [단위: 대]	신규(교체)금액 [2014. 1. ˊ 폐지] [단위: 원]	사용기간	비고
합계	36대								
1	010-9019-0189	시장실	시장 이재명	2010. 11.	갤럭시S2 갤럭시S3 갤럭시S4 아이폰6S 아이폰8+	6	3,178,258	2010. 11. ~ 2018. 3.	폐지
2	010-9739-7012			2011. 12.	아이폰4S	1	확인불가	2011. 12. ~ 2014. 2.	폐지
3	010-9738-7012			2011. 12.	아이폰4S	1	657,000	2011. 12. ~ 2016. 6.	폐지
4	010-4330-9430		정책보좌관 정진상	2010. 7.	아이폰4S	1	56,000	2010. 7. ~ 2014. 3.	폐지
5	010-9139-0189			2013. 1	아이폰6	1	확인불가	2013. 1. ~ 2014. 5.	폐지
6	010-9891-1240	행정지원과		2013. 1.	아이폰6S	1	243,220	2013. 1. ~ 2014. 5.	폐지
7	010-3093-1240			2014. 9.	아이폰6S 아이폰6S	2	755,067	2014. 9. ~ 2016. 6.	폐지
8	010-2828-0189			2014. 9.	갤럭시S6 아이폰6	2	1,093,950	2014. 9. ~ 2018. 3.	폐지
9	010-2543-0189		비서실장 윤기현 비서실장 전형수 비서실장 입술인	2013. 1.	갤럭시S2 갤럭시S3 갤럭시S4 아이폰6S	4	1,431,840	2013. 1. ~ 2013. 5. 2013. 5. ~ 2014. 6. 2014. 7. ~ 2018. 7.	폐지
10	010-3027-2435		의전팀장 차상철 의전팀장 오규종	2013. 1.	갤럭시S4 아이폰4	2	확인불가	2013. 1. ~ 2013. 11. 2013. 11. ~ 2014. 2.	폐지

순서	전화번호	사용처 부서명	사용자	개통일	기종	신규(교체)대수 [단위: 대]	신규(교체)금액 [2014. 1. ˊ 폐지] [단위: 원]	사용기간	비고
11	010-2653-0189		의전팀장 차상철 의전팀장 오규종 의전팀장 양시섭	2013. 1.	갤럭시S4 갤럭시S5 아이폰6S	4	1,648,640	2013. 11. ~ 2013. 11. 2013. 11. ~ 2016. 5. 2016. 5. ~ 2018. 3.	폐지
12	010-3189-2322		백종선(비서관)	2010. 7.	갤럭시S2 아이폰6	2	175,400	2010. 7. ~ 2014. 2.	폐지
13	010-2792-8953			2013. 1.	아이폰6	1	확인불가	2013. 1. ~ 2014. 2.	폐지
14	010-6669-5975			2013. 1.	아이폰4	1	377,080	2013. 1. ~ 2014. 2. 2014. 2. ~ 2015. 7.	폐지
15	010-9566-0189	행정지원과		2013. 1.	아이폰4	1	확인불가	2013. 1. ~ 2014. 2.	폐지
16	010-3088-0189		배소현(비서관)	2013. 1.	갤럭시노트 갤럭시S4 갤럭시S5 아이폰6S 아이폰6S+	6	1,985,353	2013. 1. ~ 2017. 2.	폐지
17	010-0614-8520			2016. 2.	갤럭시A7	1	67,480	2016. 6. ~ 2018. 1.	폐지
18	010-2644-0189		국중범(비서관)	2013. 1.	갤럭시A7 a2	1	334,560	2013. 1. ~ 2015. 12.	폐지
19	010-2630-0189		김병수(비서관)	2013. 1.	갤럭시노트3 갤럭시A7 아이폰4S	3	732,350	2013. 1. ~ 2017. 1.	폐지
20	010-2502-0189		김신욱(비서관)	2013. 1.	갤럭시S3 갤럭시S4 갤럭시S5 아이폰6S 아이폰7	5	2,525,723	2013. 1. ~ 2018. 3.	폐지
21	010-2837-0189		소진수(비서관)	2013. 1.	갤럭시S3	1	196,760	2013. 1. ~ 2016. 6.	폐지
22	010-6955-0189		신규숙(비서관) 정현준(비서관)	2013. 1.	갤럭시S4 갤럭시S5 아이폰6 아이폰7	5	1,491,315	2013. 1. ~ 2014. 6. 2014. 7. ~ 2016. 5. 2016. 5. ~ 2018. 3.	폐지

성난 시민

순서	전화번호	사용처		개통일	기종	신규(교체)대수 [단위:대]	신규(교체)금액 [2014. 1. ~ 해지][단위:원]	사용기간	비고
		부서명	사용자						
23	010-3098-0189		장희원(비서관)	2013. 5.	갤럭시S4	1	1,254,704	2013. 5. ~ 2017. 2.	해지
24	010-3344-0825		김행준(비서관)	2014. 11.	유심폰사용	-	-	2014. 11. ~ 2015. 2.	해지
25	010-2189-0189			2015. 3.	갤럭시A5 이사관#08	2	147,950	2015. 3. ~ 2017. 2.	해지
26	010-2657-0189		이상훈(비서관)	2015. 1.	갤럭시A5 이사관#08	2	670,280	2015. 1. ~ 2018. 3.	해지
27	010-6644-0189	행정지원과	박용수(비서관)	2015. 7.	갤럭시A7 갤럭시A7	2	324,720	2015. 7. ~ 2016. 7.	해지
28	010-2579-7004			2016. 7.	갤럭시A7 갤럭시A7	2	315,300	2016. 7. ~ 2018. 3.	해지
29	010-7226-2300		정욱제(비서관)	2016. 11.	갤럭시A7	1	100,860	2016. 11. ~ 2017. 2.	해지
30	010-3342-2910		백종진(비서관)	2017. 7.	갤럭시A7	-1	89,080	2017. 7. ~ 2018. 3.	해지
31	010-2997-7012			2015. 7.	갤럭시S4	1	-	2015. 7. ~ 2018. 3.	해지
32	010-6668-3697		비서실 공용	2016. 4.	갤럭시S5	1	-	2016. 4. ~ 2018. 3.	해지
33	010-6703-2016			2016. 12.	갤럭시노트5	1	643,130	2016. 12. ~ 2018. 3.	해지
34	010-2899-0758		확인불가	2014. 10.	확인불가	확인불가	775,060	2014. 10. ~ 2016. 6.	해지
35	010-9919-0189		확인불가	확인불가	확인불가	확인불가	확인불가	통신사 해지 시 자료보존기간 6개월	해지
36	010-3495-1709		확인불가	2017. 10.	확인폰사용	-		2017. 10. ~ 2018. 1.	해지

**성남시 공용휴대폰 개통 및 교체 현황_지급된 폰 대부분이 사라졌다.
_자료 출처 성남시**

몇 가지 특이사항이 있는데, 이재명의 측근으로 분류되는, 배소현, 정진상, 김진욱, 백종진 등 이들 중 그 누구도 폰을 반납하지 않았다는 사실이다. 성남시의 입장에서는 시민의 혈세로 구매한 십수대의 휴대폰을 도둑맞은 것이다. 이 중 이재명이 8대, 정진상이 7대를 가져갔다. 더 놀라운 점은 누가, 언제, 어떤 기종의 휴대폰 몇 대를 세금으로 구입해 받아갔는지 확인 불가인 항목도 있다는 것이다. 그래서 현재 70여 대로 추정되는 휴대폰 외에 얼마나 더 있을지 모른다는 것이다.

남의 물건을 가져다 썼으면 갖다 놓아야 한다. 그렇지 않으면 도둑질이다. 이런 기본적인 것까지도 가르쳐야 한다는 사실이 시민의 한 사람으로서 참담함을 금할 길이 없다. 대체 이들은 어디서부터 잘못된 것일까? 가정교육의 문제일까? 어떻게 단 한 사람도 휴대폰을 반납하지 않을 생각을 했을까? 위에서 어떤 지시가 있었던 것일까?

또 하나의 미스터리는 뒷자리가 0189인 휴대폰들이 많다는 점이다. 이 0189 번호를 받은 사람은 다음과 같다 : 이재명, 정진상, 윤기천, 전형수, 임승민, 차상철, 오규홍, 양시섭, 배소현, 국중범, 김명수, 김진욱, 소진수, 김규승, 정현준, 장형철, 김행준, 이상훈, 박용수, 그리고 신원 불상의 누군가.

뒷자리 0189에 숨겨진 비밀은 무엇일까?

개딸의 전신, '손가혁'

이재명 더불어민주당 당 대표의 핵심 지지층이자 민주당의 골칫덩이, 훌리건을 방불케 하는 패악질 팬덤인 이른바 '개딸'[51]은 모르는 사람이 없을 것이다. 이재명 본인의 의사에 반하는 의견을 내거나, 본인의 과거 전과 이력 등을 미화하는 주장을 지적하기라도 하면 그것이 누구든지 간에 지위고하를 막론하고 전화번호를 수배하여 문자폭탄을 보내며 협박하는 집

---

51 개딸. 원래 응답하라 시리즈에서 '성격이 괴팍하고 성깔 있는 딸'을 의미하는 단어로 사용되었으나, 제20대 대통령 선거 당시 더불어민주당 극성 지지층에서 이 단어가 재해석 되어 이재명 후보를 지지하는 젊은 여성층을 대표하는 말로 쓰이고 있다. 각종 시사 프로그램에서는 '개 같은 딸'이 아닌 '개혁의 딸'로 소개가 되고 있는데, 공중파 방송에서 '개 같은 딸'이라고 대놓고 소개하기는 어렵기 때문이다

단이다. 그뿐 아니라 더불어민주당 소속 김종민, 설훈, 이상민, 송갑석 의원 등 소위 말하는 수박(겉은 민주당, 속은 국민의힘과 같이 이재명의 지지자들이 비명계 출신 의원들을 비하할 때 쓰는 말) 의원들을 살해하겠다며 공개 현수막까지 설치하는 행동을 서슴지 않는다. 이들은 경기도 화성시 동탄 시내에 있는 비명계 의원의 사무실을 찾아가서 '왜 이재명 사진이 안 걸려있냐'며 난동을 부리기도 했다.

이런 강성 팬덤인 '개딸'은 하루아침에 결성된 조직이 아니다. 이재명은 과거 미키루크 이상호와 함께 조직한 정통의 경험을 십분 활용해 자신의 조직을 구축하기 시작했다. 특히, 온라인의 힘을 알고 있었던 이재명은 자신의 오프라인 지지자들과 온라인 지지자들을 하나로 묶어 하나의 군대처럼 운영할 수 있도록 했는데, 그것을 실체화한 것이 바로 '손가락 혁명군', 줄여서 손가혁이다.

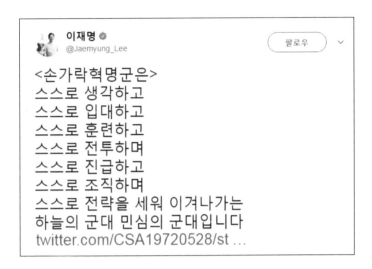

이재명 ✓
@Jaemyung_Lee

〈손가락혁명군은〉
스스로 생각하고
스스로 입대하고
스스로 훈련하고
스스로 전투하며
스스로 진급하고
스스로 조직하며
스스로 전략을 세워 이겨나가는
하늘의 군대 민심의 군대입니다
twitter.com/CSA19720528/st ...

팔로우

이재명의 손가혁 홍보 트위터 트윗

손가혁의 임무는 명확했다. 이재명의 성남시가 내세우는 주력 사업들의 여러 보도에 대해 유리한 댓글 여론을 만들고 불리한 댓글은 정화하는 작업이다. 본인의 SNS를 통해 기사 좌표 정보를 전달하면, 손가혁 지지자들은 해당 기사에 들어가 이재명에게 유리한 댓글은 '좋아요'를 누르고 불리한 기사는 이재명의 상대측을 거론하며 비판하는 댓글을 단다. 예를 들면 무상교복 도입 관련 보도가 있다고 가정했을 때 '왜 국민을 위한 복지를 하려고 하는데 박근혜 정부에서 훼방을 놓느냐'는 식의 댓글들을 도배한다. 이런 식으로 이재명은 온라인과 오프라인 모임을 병행하며 자신을 수호하는 혁명군을 조직해 나갔다.

이재명은 지지자들의 손가혁 가입과 활동을 독려하는 것에서 그치지 않았다. 그들의 활동을 모니터링하고 관리 할 수 있는 '손가혁 애플리케이션'을 통해 기사 추천, 공유, 어플 설치 추천을 실적화 하고 세력을 확장하려 했다. 지금의 기준으로 생각해봐도 매우 선진적인 조직 운영방식이고, 다단계 회사에서 적용하면 좋을 것 같다는 생각마저 든다.

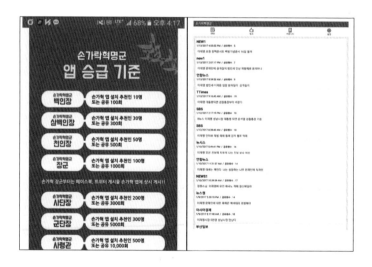

성난 시민

지금은 없어진 손가혁 어플리케이션_화면 캡처

그러나 해당 앱은 그리 오래가지 못했다. 해당 앱을 제작한
인물이 성남시와 이해관계가 있었던 인물이었기 때문이다.

이기인 : 공보관님, 이번에 시장님께서 대선에 출마하시면서 '손가혁'이라는 '손가락 혁명군'이라는 애플리케이션이 개발됐어요. 그렇지요?

이균택 : 그것은 제가 정확히 모르겠습니다.

이기인 : 아, 모르시겠어요?

이균택 : 예.

이기인 : 애플리케이션 개발 업체가 우리 공보관에서 계속 비전 성남 모바일 앱이나 홈페이지 운영업체 계약 의뢰하는 업체예요.

이균택 : 그 사항은 제가 자세히 모르겠습니다.

이기인 : 아니 그것을 모르실 수가 없지요. 계약 상대자가 뻔히

이름이 나와 있고,

이균택 : 아니, 손가혁 자체의 애플리케이션을 어디서 했는지
그 사항도 잘 모르겠고요, 그 사항은 제가 잘...

이기인 : 전혀 모르시는 거예요?

이균택 : 예, 그렇습니다.

이기인 : 그러니까 손가혁 애플리케이션이 만들어진 업체가 우
리 공보관실과 비전성남 모바일 앱이나 홈페이지 운영
하는 계약 상대자임에도 불구하고 '인스'라고 시작하는
그 업체에서 만들었는지 안 만들었는지 모르고 계셨다?

이균택 : 예, 그렇습니다.

==

이기인 : 제가 작년에 지적한 공보관실 체결한 용역물품 수의계약 특혜의혹 관련해서 제기한 적이 있는데, 지난 임시회 때 제가 '이재명 시장님께서 대통령 선거에 나가면서 손가락 혁명군이라는 애플리케이션을 제작한 곳이 성남시와 연관이 있다.'라는 말씀을 드렸었어요. 기억나십니까?

이균택 : 예.

이기인 : 그렇지요?

이균택 : 예.

이기인 : 어느 업체인지 아십니까?

이균택 : 그 당시에 저는 몰랐고요, 몰라서 제가 모른다고 말씀을 그때 드렸었고요. 그래서 나중에 확인은 해봤습니다.

이기인 : 인 모 기업이라는 곳에서 이재명 시장 대통령 후보 손
가혁 애플리케이션을 만든 곳인데, 제가 성남시 계약
정보를 살펴보니 2014년부터 17년 동안 약 9회에 걸
친 1억 85만 원의 계약금액을 체결한 업체였습니다.
그것도 낙찰률, 평균 낙찰률 92%, 93% 이상이고 모두
다 수의 1인 견적이고요. 이만하면 일감 몰아주기나
어디서인가는 특혜의혹이라고 제기할 수도 있지 않겠
습니까?

이균택 : 그 부분은 작년에도 위원님께서 한 번 지적해주신 사
항으로 제가 기억을 하고요, 그래서 그때 특혜 이런
부분도 말씀하셔서 제가 확인을 그것도 해봤고요, 그
래서 저희 직원하고의 관계라든지 이것까지도 말씀을
했고,

이기인 : 아니오. 그 업체가 아닙니다. 작년에 저희가 언급 드
린 업체랑 지금 올해 제가 지적한 업체는 다른 업체입
니다.

이균택 : 그런데 제가 파악을 하는 것은,

이기인 : 여기서 더, 더 제가 알아본 것은 인 모 기업이라는 곳의 대표가 우리 시 출입 기자입니다. 알고 계십니까?

이균택 : 그것은 확인을 해보겠습니다.

이기인 : 우리 시 출입 기자인데 심지어 우리 공보관실에서 행정광고비로 2015년에 380만 원을 받았습니다. 알고 계셨습니까?

이균택 : 거기까지는 제가 좀,

이기인 : 왜 파악 못 하셨습니까?

이균택 : 아니, 저.

이기인 : 아니, 우리에서 약 9회 동안.

이균택 : 언론사 대표가

이기인 : 들어 보십시오. 1억에 걸쳐 수의 1인 견적으로 그렇게

계속 계약을 체결한 업체가 우리 공보관실 출입 기자인데 그걸 왜 모르고 계셨어요, 모르시면 안 되지요.

===

이재명의 지지조직이 활동할 애플리케이션을 개발한 업체는 성남시정을 홍보할 수 있는 앱과 홈페이지를 제작한 업체이고, 심지어 해당 회사의 대표는 언론사에 지급될 행정광고비까지 받는 모 언론의 성남시청 출입 기자였다. 쉽게 말해서 성남시의 계약의뢰 당사자가 이재명 개인에 이익이 되는 지지자 활동 앱을 만들어준 것이다. 위 회의에 들어가기 전 나는 해당 업체의 대표에게 전화해 이와 같은 사실이 맞느냐고 물었고 대표는 '맞다'라고 인정한 바 있다.

도무지 이해가 가질 않았다. 이재명 당사자의 직접적인 부탁이 있었는지는 모를 일이다. 혹은 측근들의 요청으로 이 같은 일들이 벌어졌을 수 있겠다. 다만 한 가지 확실한 건 성남시민의 세금으로 특정 업체에 계약을 주고 그 대가로 자신의 정치적 이익을 챙겨간 모양새라는 것은 부정할 수 없는 일이다. 너무 전형적인 이재명식 조직관리 행태라 할 수 있다.

연도	평가기준	평가결과(포상)	비고
2013	소통관 트윗 증가수, 팔로워 증가수 부서 민원처리 건수, 소통관 근무 개월 등	- 우수부서(6개) 부서표창 최우수: 하천관리과 우수: 공보관, 중원구 건설과 장려: 분당구 시민봉사과, 장애인복지과, 수도행정과	
2014	소통관 트윗 증가수, 팔로워 증가수 부서 민원처리 건수, 소통관 근무 개월 등	- 우수부서(6개) 부서표창 최우수: 상대원2동 우수: 토지정보과, 공보관 장려: 대중교통과, 하천관리과, 상대원3동	
2015	소통관 트윗 실적, 팔로워 증가수 콘텐츠 생산, 제대 콘텐츠 등	- 우수부서(10개) 부서표창 최우수: 성남동 우수: 삼평동, 수진2동, 금곡동 장려: 분당도서관, 수정구 가정복지과, 분당구보건소 대중교통과, 교육청소년과, 고등동	
2016	소통관 트윗 실적, 팔로워 증가수 민원처리 건수, 부서 홍보실적 등	- 우수부서(10개) 부서표창 최우수: 대중교통과 우수: 재난관리과, 교육청소년과, 산성동 장려: 자치행정과, 식품안전과, 태평2동, 수진2동, 은행2동, 분당구 건설과	
2017	소통관 트윗 실적, 팔로워 증가수 민원처리 건수, 부서 홍보실적 등	- 우수부서(13개) 부서표창 최우수: 교육청소년과, 태평4동 우수: 체육진흥과, 시흥동 장려: 재난안전과 등 9개	
2018	소통관 트윗 실적, 팔로워 증가수 민원처리 건수, 부서 홍보실적 등	- 우수부서(13개) 부서표창 최우수: 체육진흥과, 상대원1동 우수: 고용노동과, 도촌동 장려: 교육청소년과 등 9개	
2019	소통관 페이스북 생산, 공유, 친구수 부서 홍보실적 등	- 우수부서(72개) 부서표창 최우수: 생태하천과 등 30개 우수: 중원구보건소 등 20개 장려: 은행2동 등 22개 - 우수시민소통관 2명 시장 표창 중원구 행정지원과 ▨▨▨, 세원관리과 ▨▨▨	
2020	소통관 페이스북 생산, 공유, 친구수 부서 홍보실적 등	- 15개 우수부서(15개) 부서표창 최우수: 중앙도서관, 상대원3동 우수: 자원순환과 등 5개 장려: 중원구 행정지원과 등 8개 - 우수시민소통관 4명 시장 표창 상대원2동 ▨▨▨, 중앙도서관 ▨▨▨ 상대원3동 ▨▨▨, 생태하천과 ▨▨▨ - 우수 시민소통관 11명 포상금 수내1동 ▨▨▨ 등 11명	
2021	소통관 페이스북 생산, 공유, 친구수 부서 홍보실적, 민원처리 등	- 우수부서(18개) 부서표창 최우수: 청년정책과, 운중동 우수: 주민자치과 등 6개 장려: 기후에너지과 등 10개 - 우수시민소통관 8명 시장 표창 분당구 환경자원과 ▨▨▨, 분당구 사회복지과 ▨▨▨ 세원관리과 ▨▨▨, 운중동 ▨▨▨ 분당구보건소 보건행정과 ▨▨▨ 야탑3동 ▨▨▨ 세원관리과 ▨▨▨ 중원구 건설과 ▨▨▨	

성남시의 SNS 성과 평가

    손가혁의 조직관리 행태는 성남시 공무원들에게도 적용되었다. 공무원들이 개인 SNS를 통해 얼마나 시의 행정을 잘 알렸느냐를 성과 평가 항목에 넣은 것이다. 행정홍보라는 이름으로 이재명의 치적을 널리 알리게끔 공무원들을 조직하고, 이에 호응하는 사람만 이익을 주는 방식이다. 당시 수많은 공무원이 비명을 질렀다. 민원은 처리하지 않고 민원을 처리한 것처럼 트윗만 올리는 것이 과연 맞느냐, 근무 시간에 핸드폰을 부여잡고 팔로우와 팔로잉만 늘려야 하는 일이 과연 국가를 위한 공무원의 일이냐는 것이다.

이재명의 행정홍보와 조직 활동은 공무원뿐 아니라 언론에도 영향을 미쳤는데, 이재명에게 우호적인 언론사들에는 행정홍보비를 밀어주고, 그렇지 않은 언론사는 끊어버렸다. 처음에는 지역 언론 줄 세우기로 시작되었지만, 이재명의 체급이 커지자 이것이 유튜브와 팟캐스트까지 넘어갔다. 친명 유튜브나 팟캐스트들을 보면 성남시나 경기도로부터 후원을 한 푼도 안 받은 곳이 없을 정도로 꼼꼼하게 관리를 해나갔다. 실제로, 지난 20대 더불어민주당 대통령 후보 경선에서 이낙연 후보 측에서 경기도로부터 수억 원의 홍보비를 받아 간 온라인 미디어들이 이낙연을 적극적으로 비방하고 있다며 문제를 제기하기도 했다. 혈세를 자신의 선거에 활용한 것이다. 이재명 캠프 측에서는 이를 언론사를 대상으로 한 '블랙리스트'라고 맞받아치며 해당 사건은 흐지부지되었지만, 이재명이 얼마나 남의 돈으로 조직과 언론을 잘 관리하는지를 잘 보여주는 대목이다.

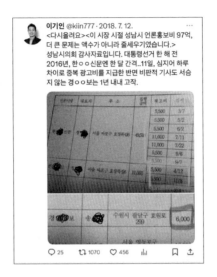

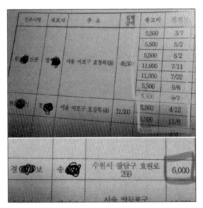

이기인이 트위터에 게재한 성남시 행정광고비 지급 내역

이재명이라는 교주가 교단의 돈으로 전도사 역할을 할 언론 플레이어들에게 돈을 뿌리고, 이 돈을 받은 사람들이 이재명을 전도한다. 그리고 신도들은 경쟁적으로 실적을 쌓기 위해 노력한다. 실적이 좋은 신도에게는 상을 주고, 실적이 나쁘거나 반기를 드는 신도는 매장한다. 전형적인 사이비 종교의 패턴을 보이는데, 차이가 있다면 사이비 종교는 혈세로 운영되지는 않는다는 점일 것이다.

그래봐야 결국, 사이비는 사이비다. 이재명이 약속하는 구원은 허상일 뿐이고, 그의 정치생명은 영생을 얻지 못할 것이다. 하지만 이들이 만들어낸 교조주의教條主義적 정치문화의 폐해를 복구하는 데 얼마나 걸릴지는 알 수 없다. 또한, 이재명이라는 교주의 실체를 밝히고 제거해내지 않으면 암이 온몸으로 전이되듯 한국 정치는 교조주의적 정치, 적대적 공생관계의 정치, 선동과 폭력의 정치에서 영영 헤어나지 못할 수도 있다. 이제는 진실을 밝혀 어둠을 제거할 국민의 지성과 지혜가 어느 때보다 더 절실한 때이다.